새로운 CSS 레이아웃

THE NEW CSS LAYOUT
By A Book Apart
Copyright © 2017 Rachel Andrew
Korean Translation Edition © 2020 by Webactually Korea, Inc.
All Rights Reserved.

이 책의 한국어판 저작권은 저작권자와의 독점 계약으로 웹액츄얼리코리아㈜에 있습니다.
저작권법에 의해 한국 내에서 보호를 받는 저작물이므로 무단전재와 복사·복제를 금합니다.
이 책 내용의 전부 또는 일부를 사용하려면 반드시 저작권자와 웹액츄얼리코리아의 서면 동의를 받아야 합니다.

레이철 앤드루

새로운 CSS 레이아웃
THE NEW CSS LAYOUT

A BOOK APART | webactually

새로운 CSS 레이아웃

초판 1쇄 발행 2018년 5월 10일
2판 1쇄 발행 2020년 2월 3일

지은이 레이철 앤드루
옮긴이 이미령
펴낸이 오상준

편집 이윤지

펴낸곳 웹액츄얼리코리아㈜
출판등록 제2014-000175호
주소 서울특별시 강남구 논현로 132길 31 EZRA빌딩 4층
전화 (02) 542-0411
팩스 (02) 541-0414
이메일 books@webactually.com

매거진 웹사이트 www.webactually.com
북스 웹사이트 books.webactually.com
페이스북 facebook.com/webactually
트위터 @webactually

ISBN 979-11-85885-22-3 93000

※ 잘못되거나 파손된 책은 구입하신 곳에서 교환해드립니다.
※ 정가는 뒤표지에 있습니다.
※ 이 도서의 국립중앙도서관 출판예정도서목록(CIP)은 서지정보유통지원시스템 홈페이지 (http://seoji.nl.go.kr)와 국가자료공동목록시스템(http://www.nl.go.kr/kolisnet)에서 이용하실 수 있습니다. (CIP제어번호: CIP2019041993)

베스를 위하여

한국어판 출간에 앞서

한국어판 《새로운 CSS 레이아웃》 출간을 기쁘게 생각합니다. 이 책은 레이아웃의 강력한 성능을 어떻게 활용하는지 알려줍니다. CSS 그리드 레이아웃은 웹을 설계하고 개발하는 방식을 바꿀 것이고, 레이철 앤드루가 쓴 이 책은 여러분이 CSS 명세를 이해하는 방식을 바꿀 것입니다. 기존 레이아웃 방식을 사용하는 시스템에서 벗어나 그리드 레이아웃을 활용한 레이아웃 세계에 일어난 위대한 진보를 제대로 경험할 수 있기를 바랍니다.

제프리 젤드먼, 레이철 앤드루

추천의 글

지난 25여 년간 웹디자인 역사에서 그래픽 디자인 분야는 눈부신 발전을 이루었습니다. 예전에는 화면의 픽셀이 무척 컸지만 지금은 육안으로 구분이 되지 않을 정도로 작습니다. 컬러 화면이 등장한 초반에는 216 색상만 사용했으나 지금은 다른 어떤 기기에서도 전부 다 표현하지 못할 수준의 색 공간을 사용합니다. 몇 해 동안 겨우 몇 개의 타이포그래피로 근근이 작업하던 때가 있었지만 오늘날에는 금속 활자 식자공들이 꿈꾸었던 것보다 더 많은 글꼴을 다룹니다. 하지만 레이아웃은 CSS가 처음 등장한 이후 큰 발전이 없었습니다. 15년도 더 전에 블로그 게시물을 위한 레이아웃을 만들고 이에 대해 서로 가르치던 것 외에 더 이상 나아가지 못했습니다. 부트스트랩 같은 프레임워크 덕분에 몇 가지 옵션이 더 생겼지만 반응형 웹디자인이 등장한 후에도 기술적 제한 때문에 할 수 있는 일은 별로 없었습니다.

이제 크게 도약할 때입니다. 드디어 페이지 레이아웃도 빛을 발할 때가 되었습니다.

2017년 3월 CSS 그리드가 공개되면서 기술은 급변하기 시작했습니다. 마침내 레이아웃에 창의력을 마음껏 발휘할 수 있게 해줄 강력한 기술이 등장한 것입니다. 그래픽 디자인을 활용해 각 프로젝트, 섹션, 콘텐츠 유형, 페이지에 따라 독특한 레이아웃을 적용함으로써 레이아웃이 의미를 전달하는 매개체 역할도 할 수 있는 시대가 열렸습니다.

가장 큰 주목을 받는 것은 그리드이지만 그리드가 전부는 아닙니다. CSS가 제공하는 모든 옵션을 결합하면 모든 것이 바뀌고 놀라운 신세계가 펼쳐집니다. 그리드, 플렉스박스, 다중 칼럼, 흐름, 글쓰기 모드, 형태, object-fit 속성, 배치, 크기, 뷰포트 단위, 이 모든 것을 활용할 수 있게 되면서 이전에 존재하지 않았던 새로운 디자인을 만들 수 있는 길이 열렸습니다.

새로운 기술의 세계로 향하는 문이, 앞으로 일어날 일을 실질적으로 실습해볼 기회가 지금 여러분의 손에 들려 있습니다. CSS를 완벽하게 익혀 자유롭게 활용하기 바랍니다. 새로운 기술이 등장했는데도 예전과 똑같은 레이아웃을 그대로 답습해서는 안 됩니다. 사용자가 쓰는 기기가 어떻게 변했는지 탐구해야 합니다. 웹이 어떻게 변화할 것인지 이미 안다고 자신해서도 안 됩니다. 웹디자이너나 개발자가 웹의 레이아웃을 완벽히 통달했을 것이라고 섣불리 믿는 것도 금물입니다. 레이아웃을 디자인할 '올바른 방법'은 더 이상 존재하지 않습니다.

웹 페이지 레이아웃은 송두리째 변했습니다.

젠 시몬스

일러두기
- 이 책의 주석은 모두 옮긴이 주다.
- 원서 예제 코드에 오류가 있는 부분은 한국어판에서 수정했으며 필요한 경우 독자의 이해를 돕기 위해 주석으로 설명했다.
- 원서 URL이 맞지 않거나 연결되지 않는 것은 삭제했다.

차례

7 | 한국어판 출간에 앞서
8 | 추천의 글

chapter 1
13 | 우리가 지나온 길

chapter 2
25 | 레이아웃 제작의 현재

chapter 3
35 | 새로운 레이아웃

chapter 4
69 | 배치와 정렬

chapter 5
91 | 반응형 디자인

chapter 6
113 | 소스 순서와 표현 순서

chapter 7
129 | 준비하는 미래

chapter 8
147 | 앞으로의 여정

158 | 감사의 글
159 | 감수자의 글
161 | 참고 자료
164 | 참고 URL
171 | 찾아보기

우리가 지나온 길

나는 font 태그나 중첩 스타일시트를 한 번도 다루어보지 못한 개발자들 앞에서 CSS가 등장하기 전에 개발자로 입문했다는 이야기를 하곤 한다. CSS가 탄생한 지 20여년이 넘은 지금 CSS를 배우고 가르친 지난 시절을 돌아보면 2017년이 되어서야 겨우 웹의 레이아웃 문제를 해결할 수 있게 되었다는 사실이 놀랍기만 하다.

지난 몇 년에 걸쳐 자리잡은 웹 레이아웃 제작 방법을 살펴보기에 앞서 우리가 어디서 출발했는지 되짚어보려고 한다. 오늘날 레이아웃에 대한 가정 중 상당수가 지난 역사에 바탕을 두고 있기 때문에 이를 살펴보는 것은 의미 있는 일이다.

한계 벗어나기

초기 CSS 레이아웃은 float와 position이 설정된 요소element의 조합으로 이루어졌다. 인기 있는 패턴은 페이지의 메인 콘텐츠 왼쪽이나 오른쪽에 넓은 마진margin을 주고 그 여백에 절대 좌표를 사용해 사이드바sidebar를 두는 것이었다. 괜찮은 방법이지만 레이아웃에 푸터footer를 두려고 하거나 메인 콘텐츠보다 사이드바가 길어질 수 있는 상황에는 맞지 않는 레이아웃이었다. 수많은 웹사이트에서 고정 높이를 사용해 이 문제를 해결하려 했는데, 덕분에 요소가 주어진 영역을 넘쳐흐르는overflow 페이지를 어렵지 않게 만날 수 있었다. 디자이너가 의도했던 것보다 글자를 더 크게 설정하고 사용하는 이들은 이런 현상을 더 자주 겪었다.

시간이 흐르면서 레이아웃을 만드는 방법은 점점 더 발전했다. 다양한 CSS 레이아웃 예제를 복사해서 사용할 수 있도록 온라인 커뮤니티가 만든 누들 인시던트Noodle Incident (http://bkaprt.com/ncl/01-01/) 같은 사이트는 아직 건재하다. 이런 과거의 유물은 디자인의 복잡성 측면에서 우리가 얼마나 발전했는지 환기시켜주는 동시에 여전히 과거에 개발한 기술에 의존하고 있다는 사실을 깨닫게 해준다.

플로팅floating 레이아웃[1]을 만들 수 있게 되자 꽉 찬 높이의 칼럼이 없다는 것이 불만이 되었다. 떠다니는 왼쪽 사이드바와 오른쪽 메인 콘텐츠만으로는 사이드바 뒤에 배경색이나 배경 이미지를 넣을 수 없었다. 오로지 배경을 콘텐츠 아래에 두는 것만 가능했다.

하지만 웹디자이너들은 제한된 도구를 늘 창의적인 방법으로 사용해왔다. 댄 시더홈Dan Cederholm은 '가짜 칼럼faux column' 기법을 사

---

1 float 속성이 적용된 요소를 사용한 레이아웃

용해 꽉 찬 높이의 칼럼 문제를 해결했다(http://bkaprt.com/ncl/01-02). 이미지를 전체 레이아웃 뒤쪽에 타일 형태로 배치함으로써 마치 칼럼의 높이가 꽉 찬 듯한 **효과**를 주는 것이다.

이는 레이아웃 모양을 속이는 여러 기법 중 하나에 불과하다. 예전처럼 테이블을 사용해서 레이아웃을 만들어야 한다고 완고하게 주장하는 일부를 제외하면 디자인에 고정된 픽셀 너비를 사용할 것인지 아니면 화면 전체를 최대한 가득 채울 것인지가 가장 주요한 논쟁거리였다. 후자를 **가변폭 디자인**liquid design이라고도 부른다. 이런 기법을 개발하고 가르친 이들은 이 기법에 꽤 능숙해졌으며 우회해야 할 까다로운 브라우저 버그 대부분을 확인할 방법도 알게 되었다.

바로 그때 새로운 세상이 열렸다. 아이폰이 등장한 것이다. 웹 커뮤니티들이 별도의 모바일 사이트를 제공할 가장 좋은 방법이 무엇인지 다투는 사이 이단 마콧Ethan Marcotte은 반응형 웹디자인에 관한 아이디어를 제시했다(http://bkaprt.com/ncl/01-03/). CSS 레이아웃 세계에 완전히 새로운 문제가 등장한 것이다.

마콧이 자신의 반응형 웹디자인 아이디어를《어 리스트 어파트A List Apart》에서 설명하던 무렵 많은 웹사이트는 고정 너비 방식을 채택하고 있었다. 가변 레이아웃은 큰 화면에서 너무 과하게 넓어 보였고 가짜 칼럼 같은 방식에 의존하면 가변 그리드(격자 형태의 레이아웃)를 만들기 어려웠다. 반응형 웹디자인은 모든 것을 원점으로 돌려놓았다. 가변적인 퍼센트 기반 그리드를 사용한 디자인을 만들어야 했을 뿐 아니라 같은 작업을 다양한 화면 크기별로 반복 작업을 해야만 했다. 기존의 기술은 무너졌고 `float`를 비롯한 다른 CSS의 기능을 어떻게 사용해야 레이아웃을 더 쉽게 만들 수 있을지 새로운 고민이 시작되었다.

플로트의 문제

플로트^{float}는 CSS 초창기부터 다중 칼럼 레이아웃을 만들 때 주로 사용해온 방식이다. 요소에 float 속성을 적용해서 띄우면 이 요소는 속성 이름처럼 왼쪽 또는 오른쪽으로 가능한 멀리, 다른 요소가 가로막을 때까지 이동한다. 플로트는 원래 이미지 등의 요소 주위에 텍스트를 둘러 표현할 때 사용할 디자인 패턴으로 고안되었다(**그림 1.1**).

부모 컨테이너가 충분히 넓을 때 요소 두 개에 float를 적용하면 두 번째 요소는 첫 번째 요소 옆으로 떠다닌다(**그림 1.2**).

다중 칼럼 레이아웃을 float를 사용해서 만들 때도 같은 원리를 적용한다. 컨테이너 안에 있는 여러 플로팅 요소^{floating element}[2]의 너비를 정확하게 계산하면 마치 칼럼처럼 요소를 한 줄로 나란하게 배열할 수 있다. 모든 요소의 높이가 똑같다면(**그림 1.3**) 꽤 잘 작동하는 방법이다. 코드는 다음과 같이 작성할 수 있다.

```css
.cards {
  margin: 0 -10px;
}
.cards li {
  float: left;
  width: calc(33.333333333% - 20px);
  margin: 0 10px 20px 10px;
}
```

---

2 float 속성이 적용되어 떠다니는 요소

No account of the early history of English aeronautics could possibly be complete unless it included a description of the Nassau balloon, which was inflated by coal-gas, from the suggestion of Mr. Charles Green, who was one of Britain's most famous aeronauts. Because of his institution of the modern method of using coal-gas in a balloon, Mr. Green is generally spoken of as the Father of British Aeronautics. During the close of the eighteenth and the opening years of the nineteenth century there had been numerous ascents in Charlier balloons, both in Britain and on the Continent. It had already been discovered that hydrogen gas was highly dangerous and also expensive, and Mr. Green proposed to try the experiment of inflating a balloon with ordinary coal-gas, which had now become fairly common in most large towns, and was much less costly than hydrogen.

그림 1.1 플로트가 적용된 요소와 주변에 배치된 텍스트
코드 예제: http://bkaprt.com/ncl/01-04/

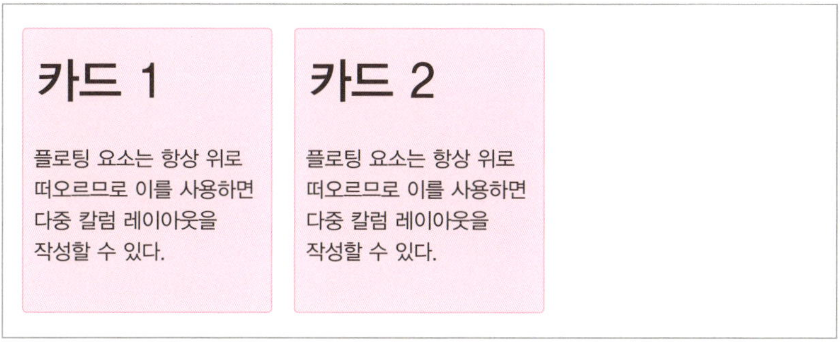

카드 1
플로팅 요소는 항상 위로 떠오르므로 이를 사용하면 다중 칼럼 레이아웃을 작성할 수 있다.

카드 2
플로팅 요소는 항상 위로 떠오르므로 이를 사용하면 다중 칼럼 레이아웃을 작성할 수 있다.

그림 1.2 두 개의 플로팅 요소
코드 예제: http://bkaprt.com/ncl/01-05/

그림 1.3 잘 정돈된 카드 예제

하지만 이 블록에 콘텐츠를 추가하려고 하면 문제가 발생한다. 카드 2가 조금 길어져도 앞의 세 카드는 여전히 잘 정돈된 상태를 유지하지만 카드 4는 앞으로 이동하지 못해 의도하지 않은 공백이 생긴다(**그림 1.4**).

플로트의 문제 해결

여러 레이아웃 프레임워크에서 제안하는 실질적인 해결 방법은 그리드의 각 줄을 래퍼wrapper라는 하나의 요소로 감싸는 것이다. 그리고 이 래퍼에는 clearfix[3]를 적용해 두 번째 줄에 있는 요소가 첫 번째 줄의 공간을 침범하지 않도록 한다.

카드 1
플로팅 요소는 항상 위로 떠오르므로 이를 사용하면 다중 칼럼 레이아웃을 작성할 수 있다.

카드 2
플로팅 요소는 항상 위로 떠오르므로 이를 사용하면 다중 칼럼 레이아웃을 작성할 수 있다.

이 카드는 다른 카드보다 텍스트가 조금 더 있다.

카드 3
플로팅 요소는 항상 위로 떠오르므로 이를 사용하면 다중 칼럼 레이아웃을 작성할 수 있다.

카드 4
플로팅 요소는 항상 위로 떠오르므로 이를 사용하면 다중 칼럼 레이아웃을 작성할 수 있다.

카드 5
플로팅 요소는 항상 위로 떠오르므로 이를 사용하면 다중 칼럼 레이아웃을 작성할 수 있다.

카드 6
플로팅 요소는 항상 위로 떠오르므로 이를 사용하면 다중 칼럼 레이아웃을 작성할 수 있다.

그림 1.4 망가진 카드 레이아웃

코드 예제: http://bkaprt.com/ncl/01-06/

---

3 플로트 속성을 초기화하는 속성으로 CSS에서는 `clear: both;` 같은 방법으로 설정한다.

괜찮은 방법이지만 줄마다 새로운 마크업을 추가해야 하는 번거로움이 있다. 대신 사용할 수 있는 방법으로는 플로팅이 적용된 요소에 display: inline-block을 적용하는 것이 있다.

```
.cards li {
  display: inline-block;
  vertical-align: top;
  width: calc(33.333333333% - 20px);
  margin: 0 10px 20px 10px;
}
```

코드 예제: http://bkaprt.com/ncl/01-07/

이 방법에도 문제는 있다. 특정 요소를 inline-block으로 설정하면 특정 부분에서 블록처럼 동작하는 인라인 요소가 된다. 인라인 요소에는 공백을 그대로 유지한다는 특성이 있다. 만약 인라인 요소가 공백을 유지하지 않으면 단어 사이의 공백도 무시하게 되어 모든 단어가 띄어쓰기 없이 죄다 붙어서 표시될 것이다. 플로트에서 사용했던 계산 방식을 인라인 요소에 사용하면 한 줄에 두 개의 요소만 표시된다. 카드 사이에 공백이 있어서 전체 너비가 100퍼센트를 넘기 때문이다.

이 문제는 코드에서 카드 사이의 공백을 완전히 제거하면 해결할 수 있다. 그러나 잘 동작하기는 하지만 쉽게 망가지는 레이아웃이 된다(**그림 1.5**). 사용하던 CMS[4]에서 코드를 변경하거나 다른 웹디자이너가 깜빡하고 공백을 추가하면 한 줄에 카드가 두 개밖에 없는 디자인을 다시 보게 될 것이다.

---

4 콘텐츠 관리 시스템(Content Management System)의 약자. 워드프레스, Xpress Engine, 그누보드 등이 이에 속한다.

카드 1	카드 2	카드 3
요소에 display: inline-block을 적용하면 그리드 레이아웃을 작성할 수 있다. 하지만 공백에 주의해야 한다.	요소에 display: inline-block을 적용하면 그리드 레이아웃을 작성할 수 있다. 하지만 공백에 주의해야 한다. 이 카드는 다른 카드보다 텍스트가 조금 더 있다.	요소에 display: inline-block을 적용하면 그리드 레이아웃을 작성할 수 있다. 하지만 공백에 주의해야 한다.
카드 4	카드 5	카드 6
요소에 display: inline-block을 적용하면 그리드 레이아웃을 작성할 수 있다. 하지만 공백에 주의해야 한다.	요소에 display: inline-block을 적용하면 그리드 레이아웃을 작성할 수 있다. 하지만 공백에 주의해야 한다.	요소에 display: inline-block을 적용하면 그리드 레이아웃을 작성할 수 있다. 하지만 공백에 주의해야 한다.

그림 1.5 `inline-block` 레이아웃

어느 방법도 줄 전체에 높이가 똑같은 박스를 표현하는 레이아웃을 만들기에는 알맞지 않다. `float`나 `inline-block`이 적용된 레이아웃을 사용하면 약간의 타협은 필요하지만 그럭저럭 정돈된 그리드를 만들 수 있다. 하지만 요소의 배경색이나 외곽선은 콘텐츠의 크기만큼 늘어나므로 각 줄의 경계는 들쑥날쑥하게 된다.

다중 칼럼 레이아웃을 만들 때 사용했던 예전 방식에는 이러한 문제가 없었다. 실제 HTML 테이블은 아니었지만 테이블 레이아웃을 사용해서 요소를 배열했다.

display: table

HTML 테이블은 CSS 테이블 레이아웃이라는 CSS 명세와 관련이 있다. 이 명세는 테이블 레이아웃이라는 매우 특수한 형태의 구조를 꾸밀 때 쓰일 속성과 값을 정의한다. HTML 테이블에는 `display: table`이라는 CSS 속성이 적용되어 있고, HTML 테이블 안에는 `display: table-row` 속성이 적용된 `tr` 요소와 `display: table-cell` 속성이 적용된 `td` 요소가 있다. 이 값들은 HTML 테이블, 즉 표를 작성할 때 사용하도록 고안되었지만 표를 뜻하지 않는 div나 목록 등에도 적용할 수 있다.

테이블 레이아웃을 사용해 앞서 작성한 예제를 바꾸려면 CSS와 마크업 모두 수정해야 한다. 먼저 `display: table` 속성이 적용된 래퍼로 ul 요소를 감싼다. 이를 통해 웹 브라우저는 래퍼 안의 콘텐츠를 테이블에 있는 것처럼 배치한다. ul 요소를 테이블의 한 줄로 바꾸면 목록의 항목들이 모두 같은 줄에 나열된다. 따라서 이 목록을 두 개로 나누고 ul 요소의 display 속성을 `table-row`로 설정한다. 목록 항목은 `table-cell` 값을 사용하여 테이블의 칸(cell)으로 만든다.

```
.wrapper{
  display: table;
  border-spacing: 20px;
  margin: -20px;
}
.cards {
  display: table-row;
}
.cards li {
  display: table-cell;
```

그림 1.6 `display: table`을 사용한 레이아웃

```
        vertical-align: center;
    }
```

코드 예제: http://bkaprt.com/ncl/01-08/

이 테이블의 줄과 칸에는 마진margin이 적용되지 않는다. 셀 사이의 간격을 넓힐 때는 `display: table` 속성이 적용된 요소에 `border-spacing` 속성을 사용한다.

목록 항목이 테이블의 칸이 되었기 때문에 배경색은 일부 칸만 짧게 나타나지 않고 모든 칸에서 똑같은 높이로 표현된다(**그림 1.6**).

여기서 `vertical-align` 속성을 사용한다면 HTML 테이블과 마찬가지로 각 칸 안에 있는 콘텐츠를 수직 정렬할 수 있다.

앞 예제에서 우리는 테이블의 각 부분을 표현하는 요소를 추가했다. 전체를 감싸는 요소에는 `display: table`을 적용했으며, 그 요소의 자식 요소에는 `display: table-row`를 적용했고, 그 자식 요소인 목록의 각 항목에는 `display: table-cell`을 설정했다. 실제로 사용할 때는 목록 항목 하나에만 `display: table-cell`을 적용해도 브라우저가 익명 요소를 생성하여 다른 요소에 추가한다. 익명 요소에 관해서는 7장에서 자세히 살펴볼 것이다.

테이블 안에 있는 각 항목은 서로 **연관**되어 있으므로 테이블 레이아웃도 이와 같은 방식으로 동작한다. 새로운 레이아웃 제작 방법에서는 요소 간의 관계를 만드는 것이 중요한데 이 부분은 나중에 다루겠다.

이 장에서 보여준 기법은 프런트엔드 개발자가 종종 사용하는 것이다. 오래된 브라우저까지 지원하려면 이러한 기법을 알고 있어야 한다. 하지만 이러한 방법은 레이아웃을 만들 때만 사용할 뿐 전문적인 레이아웃 시스템에는 미치지 못한다.

CSS 레이아웃이 어렵고 불안정해 보이는 이유가 바로 여기에 있다. 레이아웃 도구가 없다. 이러한 문제와 오랫동안 씨름한 끝에 커뮤니티는 레이아웃 문제를 해결할 도구를 직접 만들었다. 2장에서는 이러한 도구가 현재 프런트엔드 개발자에게 어떤 영향을 미치는지 살펴볼 것이다.

레이아웃 제작의 현재

1장에서 언급했듯이 웹디자이너와 개발자는 지혜롭다. 많은 시간을 들여 플로트를 다루는 법과 복잡한 웹이나 애플리케이션 레이아웃을 만드는 법을 익혀야 하는 와중에도 이러한 작업을 도와줄 도구를 커뮤니티에서 만들기 때문이다. 그래서 CSS 아키텍처의 여러 '모범 사례'를 포함하여 전처리기와 후처리기에 이르기까지 다양한 도구가 탄생되었다. 그뿐 아니라 그들의 관심은 프레임워크를 넘어 최근에는 디자인 시스템과 패턴 라이브러리, 그리고 단순히 페이지를 제작하는 데서 멈추지 않고 재사용 가능한 컴포넌트로 작업하는 영역까지 확장되었다.

도구 의존도가 점점 더 높아지는 동시에 성능, 접근성과 관련해서 내린 결정이 어떤 의미를 지니는지에 대해서도 더 많이 알아가는 중이다. 오늘날 바라보는 프런트엔드 개발 세계의 풍경은 복잡하고 위압적으로 보이기도 한다. 이 장에서는 CSS 디자인의 현재 상황을 살펴보고 이러한 새로운 레이아웃 제작 방법이 우리가 만든 환경에 어떻게 적용되는지 알아볼 것이다.

웹 개발 커뮤니티에서 의견이 한쪽으로 치우치는 일이 자주 있기는 하지만, 여기서 소개한다고 해서 특정 도구나 기법을 옹호하거나 비난한다는 뜻은 아니다. 무엇을 써야 하는지는 사용할 프로젝트와 소속된 팀에 따라 다르다. 50명 규모의 팀에는 꼭 들어맞던 것이 혼자 일하는 개발자에게는 과할 수도 있다. 이 장의 목표는 프런트엔드 개발계의 현 풍경을 알아보는 것이다. 많은 도구가 웹디자인과 웹 개발을 하는 방식에 변화를 가져왔고 독자들이 이 도구를 사용하든 사용하지 않든 우리는 모두 이러한 변화의 영향을 받았다.

CSS 아키텍처

한동안 프로그래밍 스타일 가이드가 유행했다. 이러한 가이드는 공인된 기존 원칙을 따를 때도 있고 팀에서 동의한 공통 규칙을 따를 때도 있다. 정형화된 CSS 아키텍처로 외부 개발자나 조직이 만들거나 권장하는 방법론을 경험하는 것은 팀이 한 단계 성장하는 계기가 되기도 한다. CSS 아키텍처에는 OOCSS(http://bkaprt.com/ncl/02-01/), SMACSS(http://smacss.com), BEM(http://bkaprt.com/ncl/02-03/) 등 다양한 접근 방식이 있다. 팀에서 CSS를 다루는 사람이 한 명뿐이라면 이러한 방법이 과하다고 생각할 수 있다. 굳이 일을 복잡하게 만들 필요가 있나 싶을 것이다. 하지만 CSS를 다루는 사람이 많고 그들이 각기 자신의 방식으로 작업하는 프로젝트에서 일하게 되면 이러한 아키텍처가 유용하다는 사실을 금세 깨닫게 될 것이다.

좋든 싫든 이러한 아키텍처는 많은 영향을 미쳤다. 심지어 작은 CSS 데모조차 BEM 스타일 선택자 네이밍으로 작성되곤 해서 이들이 마치 CSS의 일부로 보일 정도다. 이러한 체계나 뒤에서 살펴볼 프레임워크에는 요소를 어떻게 표현할지 나타내는 서술적인 클래스 이름 때문에 CSS가 마크업과 더 강하게 결합되는 부작용이 존재한다. 이 체계를 쓰면 문서 트리^{document tree} 내의 위치와 상관없이 클래스만으로 요소를 선택하게 된다. 그러면 연속적인 ^{cascade} CSS 적용 방식을 적게 사용하고 재사용성은 좋아진다. 하지만 여기에는 각 페이지에 필요한 마크업의 양을 줄이는 데 연속적인 적용 방식이 중요한 역할을 한다는 비판도 따른다.

전처리기와 후처리기

최근 몇 년간 개발 도구 덕분에 CSS를 직접 손대지 않고도 작성하는 사람이 늘었다.

전처리기^{preprocessor}는 Sass(http://bkaprt.com/ncl/02-04/) 또는 Less(http://bkaprt.com/ncl/02-05/)와 같이 CSS가 아닌 언어로 CSS를 작성하면 이를 CSS로 컴파일해주는 도구다. **후처리기**^{postprocessor}는 CSS 파일이 작성된 후에 적용된다. Autoprefixer(http://bkaprt.com/ncl/02-06/)가 후처리기의 좋은 예다. Autoprefixer를 CSS 파일에 사용하면 구식 브라우저에 필요한 제조사 접두어를 추가한다. 직접 작성한 CSS 파일이든 전처리기가 컴파일해서 얻은 파일이든 상관없이 동작한다.

이러한 도구는 시간을 상당히 아껴준다. 정형화된 아키텍처와 마찬가지로 CSS 작업의 고통을 덜 수 있다. 전처리기는 보통 한 개의 스타일시트 파일을 잘게 나누어 여러 사람이 각자 맡은 부분에 해당하는 파일만 다루도록 하고 이후 이 모든 파일을 취합해 하나로 컴파일하는 방식으로 많이 사용된다. 전처리기와 후처리기는 공통 색상, 글꼴, 크기를 설정하는 변수처럼 이전에는 CSS에서 사용할 수 없었던 기능도 지원한다.

또한 이러한 도구는 긍정적인 영향과 더불어 CSS 작업에도 많은 변화를 가져왔다. 이제는 매일 CSS를 작성하는 대신 Sass를 작성한다. 자주 하는 작업은 믹스인mixin으로 만들어서 사용하고, 웹 브라우저가 실제로 해석할 CSS는 직접 작성하지 않는다. 이제 우리는 현실에 있는 CSS 명세와 동떨어졌다. 사용 중인 전처리기에 따라 한계가 정해지기 때문에 향후 등장할 신기술을 지나치게 될 수도 있다. 아무 생각 없이 후처리기를 실행해 불필요한 접두어를 추가하는 일도 생길 수 있다.

물론 유용한 도구라는 평가에는 이견이 없다. 다만 잠시라도 눈을 들어 도구 바깥에 있는 세계도 바라보았으면 하는 바람이다.

컴포넌트 우선 디자인

정형화된 아키텍처와 전처리기 덕분에 웹디자인계에도 컴포넌트를 조합해 페이지를 제작하는 방식이 유행했다. 브래드 프로스트Brad Frost는 이러한 기법을 가리켜 아토믹 디자인atomic design(http://bkaprt.com/ncl/02-07/)이라고 했다. 패턴 랩Pattern Lab(http://bkaprt.com/ncl/02-08/), 프랙탈Fractal(http://bkaprt.com/ncl/02-09/) 같은 패턴 라이브러리 도구는 이러한 방식으로 만들어진 작은 컴포넌트 수백 개를 사용하는 틀을 제공한다(그림 2.1). 관련 개념으로는 각 컴포넌트를 상세히 설명하는 스타일 가이드나 디자인 시스템(http://bkaprt.com/ncl/02-10/)이 있다. 스타일 가이드나 디자인 시스템은 컴포넌트를 조합해 만드는 완성된 웹 페이지와는 별개로 존재한다.

이러한 제작 방식은 빈 페이지부터 시작해서 디자인을 완성해

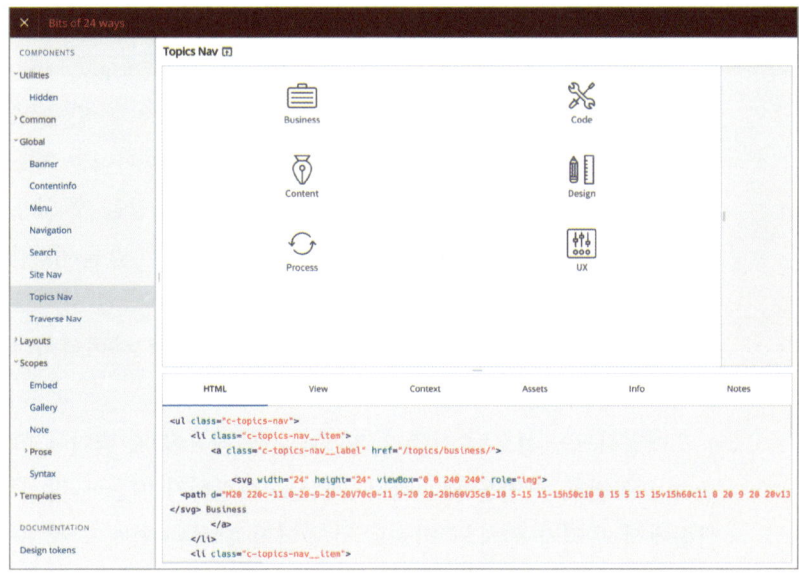

그림 2.1 프랙탈 라이브러리를 사용한 24 Ways 컴포넌트 라이브러리(http://bkaprt.com/ncl/02-11/)

가는 대신에 가장 작은 구성 요소부터 시작해서 점차 바깥으로 확장하며 디자인할 것을 권장한다. 다시 말하지만 이 방식은 프런트엔드 개발자가 한 명인 팀에는 조금 과한 면이 있다. 또한 디자이너의 작업과는 별개로 실제 작업자에게 전달해야 할 산출물이 발생할 수도 있다. 컴포넌트 우선 디자인 방식은 컴포넌트가 아니라 '페이지' 단위로 사고하던 초기의 웹디자인과는 많이 동떨어진다.

프레임워크

모던 웹디자인에 관한 토론은 언제나 모든 웹사이트가 정도의 차이는 있을지언정 똑같아 보인다는 이야기로 마무리된다. 이러한 '몽타주식' 웹사이트의 주범은 부트스트랩Bootstrap(http://bkaprt.com/ncl/02-12/)이나 파운데이션(http://bkaprt.com/ncl/02-13/) 같은 프레임워크다. 큰 성공을 거둔 이 프로젝트 덕분에 디자이너는 최소한의 프런트엔드 지식만 있어도 웹사이트를 빠르게 만들 수 있게 되었다. 개발자 역시 웹디자인을 몰라도 웹사이트를 만들 수 있게 되었다. 부트스트랩이나 파운데이션 기반으로 제작된 사이트는 개성 있어 보이지는 않지만 적어도 개발자가 만든 사이트처럼 끔찍하지는 않다.

프레임워크는 플로팅 기반의 레이아웃을 제작할 때 겪어야 할 수많은 복잡한 작업을 대신한다. 계산도 대신하기 때문에 각 중단점에서 우리가 원하는 비율로 나누어진 칼럼을 쉽게 만들 수 있다. 프레임워크 문서를 살펴보며 자신이 만들고 싶은 패턴을 찾은 후 복사해서 사용하면 그만이다. 하지만 프레임워크 때문에 많은 프런트엔드 개발자가 CSS를 거의 작성하지 않게 되면서 프레임워크 없이는 아무것도 할 수 없게 되었다. 이것만 기억하자. 모든 프레임워크에는 만든 사람의 의도와 요구 사항이 담겨 있고 그러한 의도와 요구 사항이 자신의 요구 사항과 일치할 수도, 일치하지 않을 수도 있다는 점을 말이다.

성능

웹 전문가가 점점 더 신경 써야 하는 요소에는 성능performance이 있다. 애플 워치부터 대형 레티나 스크린까지 모든 화면에서 멋있게 보이는 웹사이트를 만들려면 많은 코드와 이미지를 웹사이트에 계속 추가해야 한다. HTTP 아카이브는 2016년 12월에 웹 페이지의 평균 다운로드 크기가 2.4MB 이상이라고 발표했다(http://

bkaprt.com/ncl/02-14/).

다운로드 크기가 크다는 것은 인터넷 속도가 빠른 집이나 직장에서도 웹사이트가 조금 더 느리게 나타난다는 의미가 될 수 있고 더 비싼 회선을 써야 한다는 의미일 수도 있다. 해외 출장이나 여행 중인 사람이라면 더 비싼 글로벌 로밍 비용을 지불해야 할 수도 있다(나는 보통 와이파이가 있는 곳으로 피신해 있는다). 사실 비싼 모바일 데이터와 스마트폰 외에는 인터넷에 접속할 방법이 없는 개발도상국에 있는 사용자가 가장 큰 문제다. 팀 캐들렉Tim Kadlec이 만든 "내 사이트가 지불하는 비용은?"What Does My Site Cost? (http://bkaprt.com/ncl/02-15/) 사이트에서 이 문제를 확인할 수 있다. 이 사이트에서는 특정 웹사이트를 다운로드할 때 전 세계에 있는 사람들이 지불해야 할 비용이 어떻게 다른지 확인할 수 있다.

이 책은 성능에 관한 책이 아니다. 하지만 지금부터 새로운 레이아웃 제작 방식을 배우는 동안 웹사이트의 속도도 염두에 두는 것이 좋다. 새 기술을 열심히 배우는 것도 중요하지만 그렇다고 사람들이 쓰기 어려운 웹사이트를 만들어서는 안 되기 때문이다.

접근성

누구나 쓸 수 있는 웹사이트나 애플리케이션을 만들 때 접근성이라는 주제를 빼놓을 수 없다. 새로운 레이아웃 제작 방식은 레이아웃이 시각적 표현이나 키보드 내비게이션과 일치하지 않게 만들 수 있으므로 잠재적인 접근성 문제가 존재한다. 6장에서는 새로운 레이아웃 제작 방식에서 소스 코드상의 순서와 상관없이 화면상에 표현되는 순서를 정할 수 있는 방법을 다룬다. 새로운 명세 덕분에 시각적인 표현 순서를 재배열할 수 있게 된 만큼 이를 세심하게 주의를 기울여서 사용해야 한다.

자동으로 업데이트되는 브라우저

구식 브라우저의 존재는 웹 개발자들에게 항상 골칫거리였다. 대다수 사용자가 구식 브라우저를 고집하는 시기에는 큰 문제로 대두되기도 했다. 넷스케이프 4가 악당이던 때, 그 후 인터넷 익스플로러 6이 악당이던 때를 떠올려보자. 이 문제는 웹의 역사에서 계속 반복되고 있다.

크롬이나 파이어폭스는 브라우저가 자동으로 업데이트된다. 브라우저에 새 기능이 추가되면 이 기능을 사용한 웹사이트가 갑자기 더 좋게 변한 것처럼 여겨진다. 사파리나 에지 브라우저는 운영체제 출시와 함께 업데이트된다. 보안상의 이유로 웹 브라우저를 자동으로 업데이트하는 일에 익숙해진 사용자가 점점 늘고 있다. 그들은 거의 동시에 새로 업데이트된 브라우저를 사용할 것이다.

자동으로 업데이트되는 좋은 브라우저를 모든 사람이 사용했으면 좋겠지만 현실은 그렇게 단순하지 않다. 최신 브라우저를 사용하는 사용자도 많지만 내부 정책 때문에 사용할 수 있는 브라우저 버전이 제한된 사람도 여전히 있다. 운영체제가 새 버전을 지원하지 않아서 특정 브라우저 버전에 계속 머물러 있는 사람도 있다. 구식 윈도우 사용자는 IE11이나 에지 브라우저를 설치할 수 없다. 이러한 문제는 모바일 기기 사용자에게도 나타난다. 운영체제를 업데이트하지 못하는 안드로이드 사용자를 생각해보자. 그들은 새 운영체제와 함께 설치되는 새로운 브라우저 소프트웨어를 사용할 수 없을 것이다.

전 세계의 모든 사람이 자신의 브라우저를 최신 버전으로 유지하는 것은 아니지만 그래도 몇 년 전보다는 상황이 대체로 나아졌다. 파이어폭스나 크롬에 탑재되었거나 구현될 것이라고 발표된 최신 기능은 사용해도 좋다. 한 번 만들어진 웹디자인은 몇 년 이상 유지될 것이므로 몇 달 후면 모든 크롬 사용자가 그 최신 기능을 보게 될 것이다. 7장에서는 브라우저 기능 지원에 접근하는 최근 방법을 살펴보고, 코드를 추가로 작성하지 않고도 브라우저가 업데이트될 때 스스로 진화하는 듯이 보이는 웹사이트를 어떻게 제작하는지 알아볼 것이다.

CSS 학습의 외주화

대략 10년 전 프런트엔드 개발이 실제로는 브라우저 버그 전문가나 다름없이 일하던 때가 있었다. 당시에는 쓸 수 있는 CSS가 너무 제한적이었는데, IE6에서 콘텐츠가 갑자기 사라지는 이상 현상을 방지할 수 있어야 전문가로 인정받던 시절이었다. 그때에 비해 요즘은 브라우저 버그가 훨씬 적다. 하지만 과거의 제한적인 CSS 제작 방식 그리고 최근 몇 년 사이에 나타난 새로운 제작 방법과 씨름해야 하는 것은 마찬가지다.

  이 장에서 언급했던 다른 문제들과도 싸워야 한다. 우리는 성능이 좋고 접근성이 보장된 웹사이트를 완성해 사업상의 목표를 달성하고 사용자를 기쁘게 하기 위해 애쓴다. 이러한 작업은 웹사이트를 혼자 디자인하고 만드는 1인 디자이너부터 각 구성원이 컴포넌트 수준에서 딱 필요한 부분만 작성하는 거대 조직에 이르기까지 어떤 형태의 개발 환경에서든 이루어진다.

  프레임워크, 전처리기, 후처리기 또는 그 밖의 프런트엔드 개발 작업을 편하게 해주는 도구는 무엇을 사용하든 본질적으로 문제될 것이 없다. 현실에서 우리는 현실적이지 않은 예산 한도 내에서 웹사이트를 빠르게 제작하고 배포해야 하며 IE8에서도 크롬에서 보는 것과 '똑같이' 보이게 해달라고 고집하는 고객을 상대해야 한다.

하지만 프런트엔드 개발을 모두 프레임워크에만 의존한다면 텍스트 편집기를 열고 레이아웃을 처음부터 제작하려고 할 때 머릿속이 새하얘져서 아무 기억이 안 날 수도 있다. 새로운 접근 방법이나 명세는 어떻게 배울것인가? 프레임워크에 맞추어 창의력을 제한할 것인가?

나는 독자들이 이 책을 통해 자신이 좋아하는 도구와 프레임워크 너머에 있는 가능성을 보기를 바란다. 어쩌면 프레임워크에 포함된 그리드 시스템에 더 이상 의존할 필요가 없다는 사실을 깨달을 수도 있고 이전보다는 덜 의존하게 될지도 모른다. 앞으로 어떤 사이트를 만들든지 이 책에서 CSS의 잠재력을 살펴보고 CSS의 작동 원리에 대해 더 잘 이해했으면 하는 바람이다.

3

새로운 레이아웃

새로운 레이아웃 제작 방식을 배우기에 앞서 기존 CSS 레이아웃 도구의 목적을 다시 한 번 떠올려보자. 오랫동안 다양하게 변형시키며 사용했기 때문에 이러한 도구를 처음 만든 목적을 지나치기 쉽다.

이 장에서는 CSS에서 요소의 위치를 설정할 때 사용하는 다양한 방법을 살펴볼 것이다. 일부 방법은 이미 익숙할 수도 있겠지만 잘 아는 것처럼 느껴지더라도 그냥 넘어가지 않기를 바란다. CSS 세계에서는 오래된 명세도 계속 발전하기 때문이다. 여기서는 오래된 속성에 사용되는 새로운 값을 알아보고 CSS 레이아웃에 아주 유용한 명세도 일부 살펴볼 것이다.

또한 CSS 레이아웃 분야의 용어 몇 가지와 기본 개념에 대해서도 알아볼 것이다. 명세에서 사용되는 공식 용어를 이해하면 특정 CSS 속성이나 값이 어떻게 동작하는지 알고 싶을 때 더 편하게 명세를 직접 보고 확인할 수 있다.

CSS의 양식화 문맥

CSS 디스플레이 명세에서는 양식화 문맥formatting context을 다음과 같이 정의한다.

> ……연관된 박스 세트가 배치되는 환경이다. 양식화 문맥이 다르면 다른 규칙에 따라 박스를 배치한다. 예를 들어 플렉스flex 양식화 문맥은 CSS3 FLEXBOX라는 플렉스 레이아웃 규칙에 따라 박스를 배치하고, 블록 양식화 문맥은 CSS2의 블록과 인라인 레이아웃 규칙에 따라 박스를 배치한다(http://bkaprt.com/ncl/03-01/).

앞으로 살펴볼 내용은 어쩌면 이미 매일같이 사용하는 기술일 수 있다. 그것이 **블록 양식화 문맥**Block Formatting Context: BFC이고 왜 그렇게 동작하는지는 몰랐을지라도 말이다.

블록 양식화 문맥

요소에 새로운 블록 양식화 문맥BFC을 작성하면 그 요소의 자식 요소에 적용할 독립적인 레이아웃 환경을 만들 수 있다.
  새로운 BFC는 요소가 다음 조건을 만족하면 만들어진다.

- 루트 요소일 때
- 플로팅되어 있을 때[1]

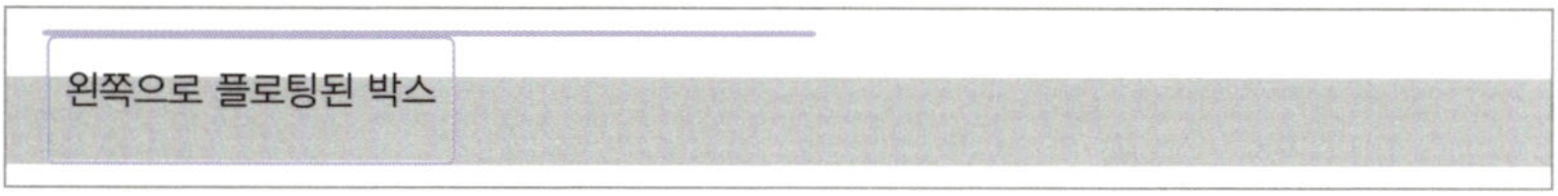

| 왼쪽으로 플로팅된 박스 |

그림 3.1 바깥 컨테이너는 크기를 유지해줄 요소가 아무것도 없기 때문에 줄어들고 플로팅된 요소는 흐름flow에서 벗어난다.

- `position: absolute` 속성이 적용되어 있을 때
- `display: inline-block` 속성이 적용되어 있을 때

새로운 BFC는 `overflow` 속성이 `visible` 이외의 값으로 설정되어 있을 때도 생성된다. 플렉스 아이템flex item, 그리드 아이템grid item, 테이블 셀table cell도 자식 요소에 적용되는 BFC를 만든다.

아주 간단한 예제를 통해 BFC가 어떻게 동작하는지 살펴보자. 내부에 박스가 하나 있는 컨테이너가 있다고 생각하자.

```
<div class="container">
  <div class="box">
    <p>왼쪽으로 플로팅된 박스</p>
  </div>
</div>
```

코드 예제: http://bkaprt.com/ncl/03-02/

박스가 플로팅되면 컨테이너가 줄어든다(**그림 3.1**).

하지만 어떤 방식으로든 컨테이너에 새로운 BFC를 만들어주면 플로팅된 박스가 컨테이너 안으로 들어간다. 여기서 BFC

1 `float` 속성의 값이 `right`나 `left`일 때

3장 새로운 레이아웃 **37**

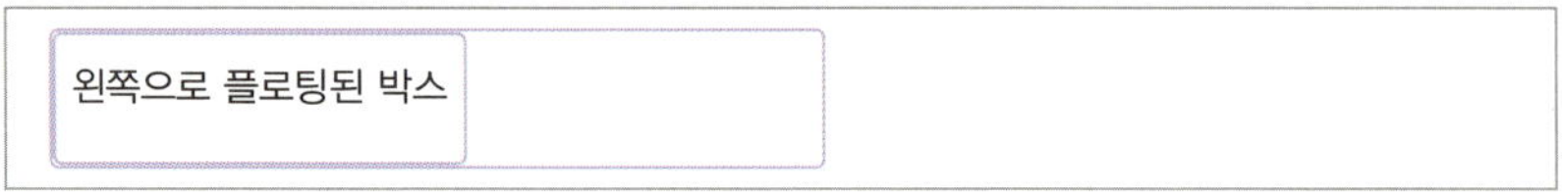

| 왼쪽으로 플로팅된 박스 | |

그림 3.2 플로팅된 박스가 컨테이너 안에 유지된다.

는 두 가지 방식으로 만들 수 있는데, 첫 번째는 컨테이너에 `overflow: hidden`을 설정하는 것이다.

```
.container {
  overflow: hidden;
}
```

두 번째는 컨테이너 자체를 플로팅하는 것이다(**그림 3.2**).

```
.container {
  float: left;
}
```

새로운 BFC가 된 요소는 모든 것을 내부에 표현한다. 이것이 바로 `overflow: hidden` 기법이 플로팅된 요소를 내부에 붙잡아둘 수 있었던 이유다.

다만 `overflow: hidden`은 플로팅을 제거할 목적으로 만들어진 것이 아니라서 박스 그림자(box-shadow)가 잘리는 등의 문제가 있다. 따라서 플로팅된 요소를 컨테이너 안에 붙잡아두기 위해 새로운 BFC를 자주 만들어야 한다면 새로운 BFC를 만들 목적으로 고안된 `display` 속성의 새 값을 `display: flow-root`처럼 사용하면 된다. 이 값은 지원하는 브라우저에서 사용하면 다른 부작용 없이 새로운 BFC만 생성한다. 앞서 예제에서 살펴본 컨테이너에도 이

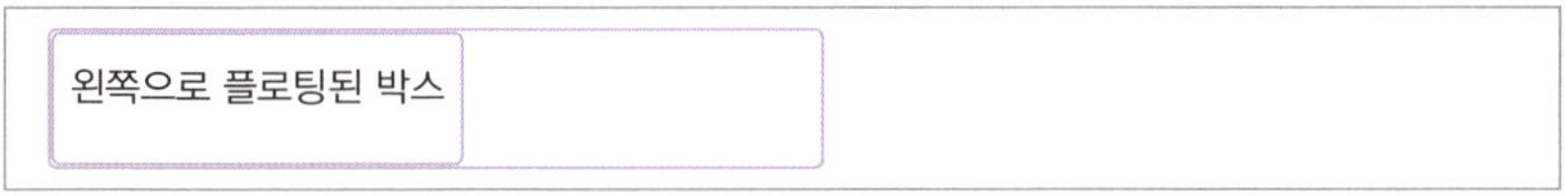

| 왼쪽으로 플로팅된 박스 |

그림 3.3 컨테이너가 새로운 BFC처럼 동작하므로 플로팅된 박스는 컨테이너 안에 표현된다.

값을 사용할 수 있다.

```
.container {
  display: flow-root;
}
```

코드 예제: http://bkaprt.com/ncl/03-03/

흐름 내부와 외부

앞서 컨테이너 안의 플로팅된 박스에 관해 설명할 때(**그림 3.3**), 컨테이너가 줄어들었고 요소가 흐름에서 벗어났다고 이야기했다. 흐름 내부에 있는 요소는 자신의 양식화 모델에 따라 표현된다. 블록 수준block level 요소의 양식화 모델에 따르면 별다른 제약이 없는 경우 요소는 컨테이너의 너비만큼 넓어지고 새로운 줄에 표현된다. 인라인 요소는 공간이 있을 경우 다른 요소 바로 뒤에 표시된다. 같은 문장 안에 있는 단어가 어떻게 표현되는지 떠올리면 이해하기 쉽다.

요소를 플로팅하거나 `position: absolute` 또는 `position: fixed`를 적용하면 요소가 흐름에서 벗어난다. 플로팅된 요소는 블록 수준의 요소를 만날 때까지 위로 이동하고 그 뒤의 요소들은 플로팅된 요소 옆에 늘어선다.

텍스트는 플로팅된 요소 주변으로 배치되지만 박스는 텍스트

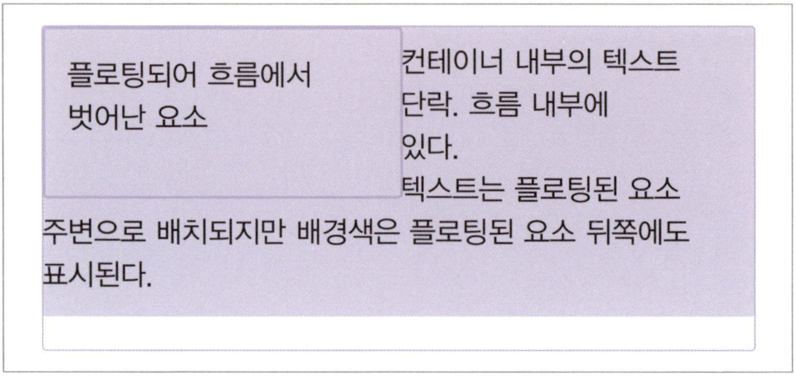

그림 3.4 단락의 배경은 플로팅되어 흐름에서 벗어난 요소 뒤에도 표시된다.

를 감싸기 위해 줄어든다. 만약 다음 예제처럼 플로팅된 요소를 감싸고 있는 단락에 배경색을 설정한다면 배경색은 플로팅된 요소 뒤쪽까지 확장되어 표시된다(**그림 3.4**).

```
.container {
  width: 400px;
  overflow: hidden;
}

.box {
  float: left;
  width: 200px;
}
.container p {
  background-color: #e5dbff;
}
```

코드 예제: http://bkaprt.com/ncl/03-04/

어떤 요소를 일반적인 흐름에서 벗어나게 할 때는 position 속성도 사용할 수 있다. 이 부분에 대해서는 이 장 후반부에서 살펴볼 것이다.

플로트

1장에서는 플로트 속성을 사용해 다중 칼럼 레이아웃을 제작할 때 겪는 어려움에 관해 다루었다. 새로운 레이아웃 제작 방법을 사용하면 원래 float가 만들어졌던 의도대로 float를 사용할 수 있다.

다음은 텍스트를 이미지 주변에 두르는 예제다(**그림 3.5**). 정확히 float의 원래 목적대로 사용한 것이다.

```
<ul class="icon-list">
  <li>
    <img src="../assets/images/aba-logo_small.png"
alt="A Book Apart Logo">
    <p>...</p>
  </li>
</ul>

.icon-list img {
  float: left;
  display: block;
  margin: 0 10px 10px 0;
}
```

코드 예제: http://bkaprt.com/ncl/03-05/

CSS 형태 명세^{CSS Shapes specification} 레벨 1에 정의된 shape-outside

이 이미지는 왼쪽으로 플로팅되었으므로 일반적인 흐름에서 벗어나서 가능한 한 상단으로 이동한다. 텍스트는 이미지의 오른쪽과 아래쪽을 감싸는 형태로 배치된다. 플로팅된 이미지에 적용된 바깥 마진은 이미지와 텍스트 사이의 공간을 설정한다.

이 이미지는 왼쪽으로 플로팅되었으므로 일반적인 흐름에서 벗어나서 가능한 한 상단으로 이동한다. 텍스트는 이미지의 오른쪽과 아래쪽을 감싸는 형태로 배치된다. 플로팅된 이미지에 적용된 바깥 마진은 이미지와 텍스트 사이의 공간을 설정한다.

그림 3.5 플로팅된 요소는 주변에 텍스트를 배치할 수 있다. 여전히 유용한 기능이다.

After numerous experiments the public were invited to witness the inflation of a particularly huge balloon, over 30 feet in diameter. This was accomplished over a fire made of wool and straw. The ascent was successful, and the balloon, after rising to a height of some 7000 feet, fell to earth about two miles away.

It may be imagined that this experiment aroused enormous interest in Paris, whence the news rapidly spread over all France and to Britain. A Parisian scientific society invited Stephen Montgolfier to Paris in order that the citizens of the metropolis should have their imaginations excited by seeing the hero of these remarkable experiments. Montgolfier was not a rich man, and to enable him to continue his experiments the society granted him a considerable sum of money. He was then enabled to construct a very fine balloon, elaborately decorated and painted, which ascended at Versailles in the presence of the Court.

그림 3.6 플로팅된 요소에 shape-outside를 사용하면 곡면을 따라 텍스트를 배치할 수 있다.

속성을 사용하고 싶다면 플로트 속성을 반드시 익혀야 한다. 이 명세의 현재 버전에 따라 웹 브라우저는 현재 플로팅된 요소에만 shape-outside 속성을 허용한다. 다음 예제에는 열기구 모양의 이미지가 있다. 이 이미지를 왼쪽으로 플로팅하고 shape-outside 속성의 값을 circle(50%)로 설정해 텍스트를 이미지 주변에 반원 모양으로 배치했다(그림 3.6).

```
.example img {
  float: left;
  display: block;
  margin: 0 10px 10px 0;
  shape-outside: circle(50%);
}
```

코드 예제: http://bkaprt.com/ncl/03-06/

큰 문제가 없는 한 플로팅된 요소를 사용해 다중 칼럼 레이아웃을 제작했던 예전 방식은 서서히 사라질 것이다. float는 너무 남발하지 말고 알맞은 곳에만 사용하자. CSS 형태 명세에서 정의된 기능을 사용하면 직선 형태의 단순한 디자인에 멋있는 한 줄기 빛을 더할 수 있다.

위치 정하기

position 속성, 특히 position: absolute는 CSS 레이아웃을 제작하던 초기에 많이 쓰던 방법이다. 드림위버를 사용해본 사람이라면 레이어 그리기 기능을 기억할 것이다. 이때 만들어진 레이어는 위치가 설정된 <div> 요소였다. 이 요소를 쓰면 모든 레이어의 높이가 똑같을 때만 잘 작동하는 웹사이트가 완성된다. 이러한 웹사이트에서는 콘텐츠가 겹치는 문제가 발생했다.

비록 절대 위치^{absolute positioning}가 다중 칼럼 레이아웃을 제작하는 데는 좋은 방법이 아니었지만 분명 그 나름의 용도는 있었다. 또한 position 속성에 새로 추가된 값도 살펴볼 가치가 있다.

정적 위치

요소에 position 속성을 적용하지 않으면 이 속성의 기본값은 static이 된다. positoin: static이 설정된 요소는 일반적인 흐름 안에서 코드상에 출현한 순서대로 표시된다. 이 값은 다른 position 속성이 설정된 요소의 위치를 초기화할 때 주로 사용한다.

상대 위치

요소에 position: relative를 추가해도 바로 눈에 띄는 변화가 나타나지 않는다. 여기에 좌표를 정해주는 top, right, bottom, left 같은 오프셋^{offset} 속성을 무엇이든 하나 추가해주면 요소가 원래 있던 위치에서 조금 이동한다.

위치가 상대 좌표를 따라 이동하는 기능은 그럭저럭 쓸 만하다. 그런데 position: relative에는 레이아웃 제작상의 이점이 하나 더 있다. 바로 position: relative가 설정된 요소는 새로운 컨테이너 블록^{container block}이 된다는 점이다. 이는 다음에서 설명할 position: absolute를 살펴볼 때 유용하다.

절대 위치

요소를 절대 위치^{absolute position}로 설정하면 흐름에서 벗어나고 자신이 포함된 컨테이너 블록의 가장자리를 기준으로 오프셋 속성에서 설정된 만큼 이동한다. 다음은 다른 박스를 안에 포함하고 있는 컨테이너의 예제다. 안에 있는 박스에는 position: absolute를 적용했다.

```
.container {
  width: 400px;
  height: 300px;
}

.box {
  position: absolute;
  top: 10px;
  right: 10px;
  width: 200px;
}
```

코드 예제: http://bkaprt.com/ncl/03-07/**[2]**

이 예제에서는 안쪽에 있는 박스를 위한 컨테이너 블록이 별도로 설정되지 않았다. 따라서 뷰포트viewport[3]가 컨테이너 블록이 된다(이 때문에 박스는 메뉴바 위에 겹쳐서 표시된다).

이 박스를 컨테이너 안쪽에 표시하고, 그 컨테이너 가장자리를 기준으로 오프셋 위치가 계산되도록 하고 싶다면 이 컨테이너를 컨테이너 블록으로 만들어주어야 한다. 간단하게 .container에 position: relative를 추가해주면 된다(**그림 3.7**).

```
.container {
  width: 400px;
```

[2] 링크된 소스 코드에는 position: relative가 설정되어 있어 설명과 다르다. 코드를 책과 같이 변경하면 여기서 설명한 예제를 볼 수 있다.
[3] 기기 화면에 표시되는 영역

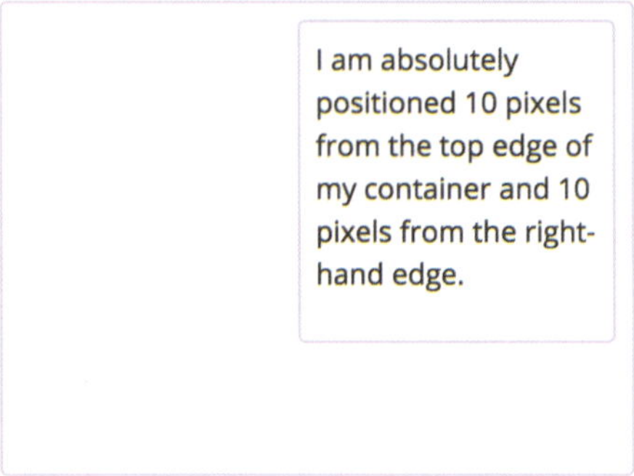

> I am absolutely positioned 10 pixels from the top edge of my container and 10 pixels from the right-hand edge.

그림 3.7 절대 위치가 설정된 요소는 컨테이너를 기준으로 오프셋 위치를 적용한다.

```
  height: 300px;
  position: relative;
}
```

이 컨테이너에 높이도 설정했다. 여기서 높이 속성을 제거하면 컨테이너가 한 줄로 줄어들어 박스를 내부에 표시할 수 없는 높이가 된다. 그러면 박스는 흐름에서 벗어나 원래 의도한 레이아웃이 만들어지지 않는다.

고정 위치

요소에 절대 위치를 사용하면 웹 페이지를 읽어 들이면서 설정된 위치에 나타난다. 페이지를 스크롤하면 다른 콘텐츠처럼 절대 위치가 설정된 요소도 스크롤 된다. 고정 위치fixed position가 적용된 요소는 화면상에서 고정된 위치에 존재하고 페이지를 스크롤해도 그 자리를 유지한다.

고정 위치가 적용된 요소는 뷰포트를 기준으로 오프셋을 설정한다. 다음 예제는 고정 위치가 적용된 요소를 뷰포트 상단에서

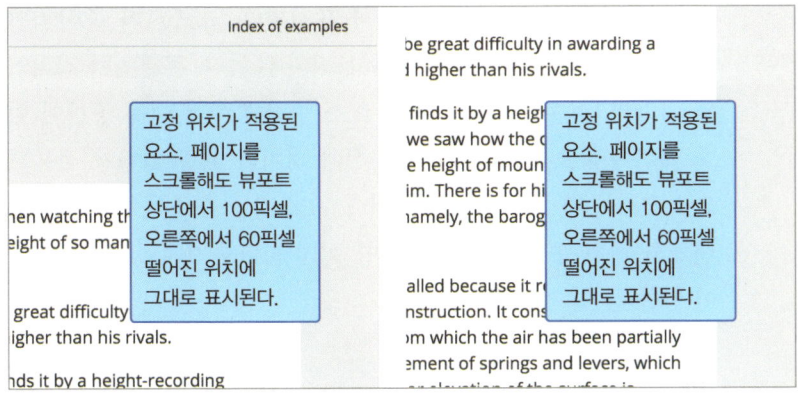

그림 3.8 고정 위치가 설정된 요소는 뷰포트를 기준으로 적용된 오프셋 위치에 계속 머무른다.

100픽셀만큼, 오른쪽에서 60픽셀만큼 떨어진 곳에 표시한다(**그림 3.8**).

```
.box {
  width: 200px;
  top: 100px;
  right: 60px;
  position: fixed;
}
```

코드 예제: http://bkaprt.com/ncl/03-08/

이 요소는 페이지를 스크롤해도 원래 위치에 그대로 남는다 (**그림 3.8**).

고정 위치는 긴 페이지를 스크롤하더라도 메뉴를 화면상에서 계속 같은 자리에 표시하고 싶을 때 많이 사용한다.

이 예제에서 보는 바와 같이 고정 위치가 적용된 요소는 흐름에서 벗어나 콘텐츠 위에 겹쳐서 표시된다. 뷰포트가 좁아지면 요소를 표시할 공간이 충분히 확보되지 않는다. 콘텐츠가 겹치기를 원하지 않는다면 고정 위치 요소 주변에 항상 여유 공간이 있게 레이아웃을 작성해야 한다. 절대 위치나 고정 위치가 적용된 요소에서는 자주 일어나는 일이다. 요소가 흐름에서 벗어나면 콘텐츠가 겹칠 수도 있으므로 이를 어떻게 다룰지 항상 염두에 두어야 한다.

접착 위치

position에 새로 추가된 값은 정적 위치와 고정 위치를 섞어놓은 듯이 동작한다. 정적 위치가 웹 페이지에서 읽어 들인 모든 요소의 기본값으로 정해진다는 것은 이미 언급한 바 있다. 정적 위치 요소는 흐름을 따르고 문서와 함께 스크롤되지만, 고정 위치 요소는 뷰포트를 기준으로 고정된 위치가 설정되고 문서를 스크롤해도 함께 스크롤되지 않는다. position: sticky가 적용된 요소는 문서가 스크롤되기 전에는 정적 위치 요소처럼 동작하다가 문서 스크롤이 일정한 위치에 도달하면 고정 위치 요소처럼 동작한다.

다음 예제는 일반적인 텍스트 단락이 있는 문서다(**그림 3.9**). 이 문서에는 position: sticky가 적용된 박스도 있다. 페이지를 읽어 들이면 이 박스는 정적인 위치에 표현된다. 소스 코드를 보면 이 박스는 문단 앞에 위치한다. 흐름을 따르고 있으며 뒤이은 문단은 이 박스 아래쪽으로 충분한 공간을 두고 표시된다.

```
.box {
  width: 200px;
  top: 20px;
```

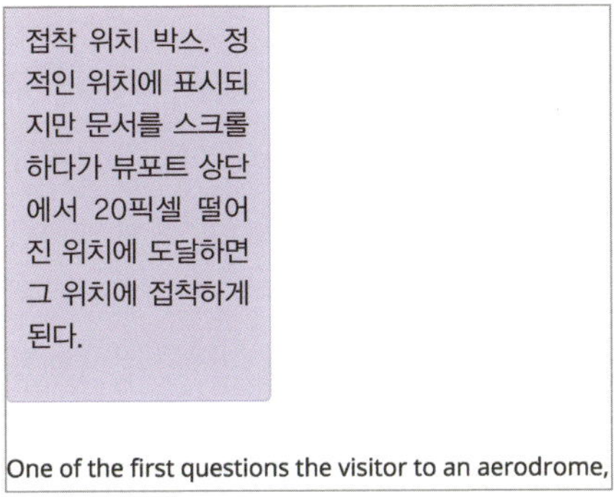

그림 3.9 접착 위치 박스는 웹 페이지를 처음 읽어 들일 때는 흐름에 따라 표시된다.

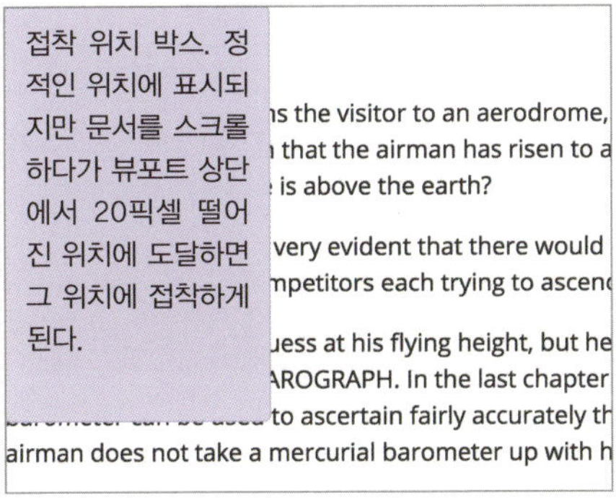

그림 3.10 페이지를 스크롤하다가 뷰포트 상단 20픽셀에 도달하면 박스는 '접착'된다.

```
position: sticky;
}
```

코드 예제: http://bkaprt.com/ncl/03-09/

페이지를 스크롤하면 단락은 초깃값인 position: static에 따라 함께 스크롤되고 박스 역시 같은 방식으로 스크롤된다. 하지만 뷰포트 상단에서 20픽셀 떨어진 위치에 박스의 상단이 맞닿으면 이 박스는 그 위치에 '접착'되어 그 자리에 머물고 박스를 제외

3장 새로운 레이아웃 49

한 나머지 부분만 스크롤된다(**그림 3.10**).

새로 추가된 값이기 때문에 접착 위치는 다른 position 값에 비해 아직 브라우저 지원이 미비하다. 지금은 인터넷 익스플로러에서는 지원되지 않지만 꽤 유용하게 사용할 수 있다. 지금까지는 자바스크립트를 사용해 같은 효과를 냈으므로 이 값을 지원하지 않는 브라우저에서는 자바스크립트를 사용하면 된다. 검색해보면 어렵지 않게 몇 가지 방법을 찾을 수 있다.

자바스크립트로 보조 지원을 하지 않고 사용자의 브라우저에서도 이 기능을 지원하지 않는다면 접착 위치 요소는 흐름에 따라 표시되고 페이지 스크롤을 그대로 따른다. 이는 구식 브라우저에서도 사용자 경험을 저해하지 않고 점진적으로 기능을 추가하는 좋은 사례다.

다중 칼럼 레이아웃

다중 칼럼 레이아웃multi-column layout은 콘텐츠를 신문처럼 여러 단으로 나누는 방식을 말한다. 얼핏 보면 웹에서 콘텐츠를 표시하기에 알맞은 방법은 아닌 것처럼 보인다. 하지만 신문처럼 꾸미는 것 외에도 용도는 많다.

다중 칼럼 레이아웃은 사용하기 굉장히 쉽다. 콘텐츠를 세 칼럼으로 나누고 싶다면 column-count 속성에 원하는 만큼의 칼럼 숫자를 값으로 설정하면 된다(**그림 3.11**).

```
.example {
  column-count: 3;
}
```

코드 예제: http://bkaprt.com/ncl/03-10/

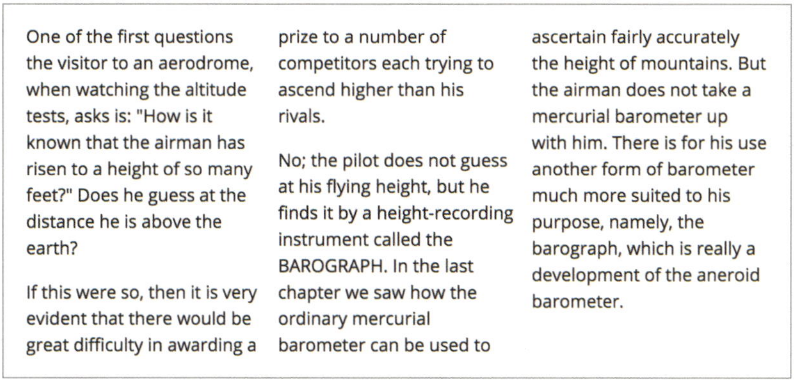

> One of the first questions the visitor to an aerodrome, when watching the altitude tests, asks is: "How is it known that the airman has risen to a height of so many feet?" Does he guess at the distance he is above the earth?
>
> If this were so, then it is very evident that there would be great difficulty in awarding a prize to a number of competitors each trying to ascend higher than his rivals.
>
> No; the pilot does not guess at his flying height, but he finds it by a height-recording instrument called the BAROGRAPH. In the last chapter we saw how the ordinary mercurial barometer can be used to ascertain fairly accurately the height of mountains. But the airman does not take a mercurial barometer up with him. There is for his use another form of barometer much more suited to his purpose, namely, the barograph, which is really a development of the aneroid barometer.

그림 3.11 세 개의 칼럼으로 나뉜 콘텐츠

칼럼 개수를 설정하는 대신 `column-witdth` 속성을 사용해 칼럼의 너비를 설정할 수도 있다. 웹 브라우저는 설정된 너비를 칼럼 한 개의 적정 너비로 인식한다. 실제 칼럼의 너비는 컨테이너에서 사용할 수 있는 공간에 따라 적정 너비보다 더 넓어지거나 좁아질 수 있다. `column-width`와 `column-count`를 함께 사용하면 `column-count`는 최대 칼럼 개수로 사용된다. 즉 설정한 너비를 충분히 수용할 수 있을 만큼 화면이 넓어지더라도 칼럼 개수는 설정한 것 이상으로 많아지지 않는다.

```
.example {
  column-width: 300px;
  column-count: 3;
}
```

이렇게 기본적으로 제공되는 응답성이 다중 칼럼 레이아웃의 핵심이며 앞으로 비슷하게 동작하는 여러 명세를 살펴볼 것이다.

`column-width`를 사용할 때는 픽셀 너비를 정확하게 설정할 수 없다. 컨테이너에서 사용할 수 있는 공간에 따라 어느 정도 오차가 생긴다.

연속적인 콘텐츠를 여러 칼럼으로 나누어 배치할 방법은 이 명세가 유일하다. 다른 방법은 포함된 콘텐츠와 상관없이 콘텐츠의 흐름보다는 자식 요소에 작용한다는 차이가 있다.

한 묶음의 체크박스처럼 인터페이스 요소를 더 오밀조밀하게 작성할 때도 이 명세를 사용할 수 있다. 체크박스 묶음의 컨테이너에 `column-width`를 설정하면 긴 목록을 더 적은 공간에 표현할 수 있고, 따라서 스크롤을 적게 해도 된다. `column-width`를 사용한다는 것은 사용 가능한 공간에 따라 그 안의 콘텐츠를 여러 칼럼에 표현하겠다는 뜻이다. 게다가 미디어 쿼리^{media query}를 사용해 제어하지 않아도 된다.

이 명세는 속성이 몇 개밖에 없는데도 잘 사용하면 굉장히 유용하다. 레이아웃을 제작할 때 쓸 하나의 방법으로 기억해두면 좋다.

플렉스박스

플렉스박스 모듈^{Flexible Box Module} 명세를 통해 반응형 또는 유연한 웹 디자인을 위한 기능을 갖춘 플렉스박스^{flexbox}가 도입되면서 CSS 레이아웃이 변하기 시작했다.

가장 단순한 플렉스박스 예제로 세 개의 항목이 있는 목록을 떠올려보자(**그림 3.12**). 이 목록에 `display: flex`를 설정하면 목록 항목은 플렉스 아이템^{flex item}으로 바뀐다. 또한 플렉스 아이템은 플렉스박스의 기본값에 따라 한 줄로 배열되고 플렉스 컨테이너^{flex container}의 높이만큼 길이가 늘어난다. 모든 아이템은 그 안에 든 콘텐츠의 길이와 상관없이 높이가 똑같아진다.

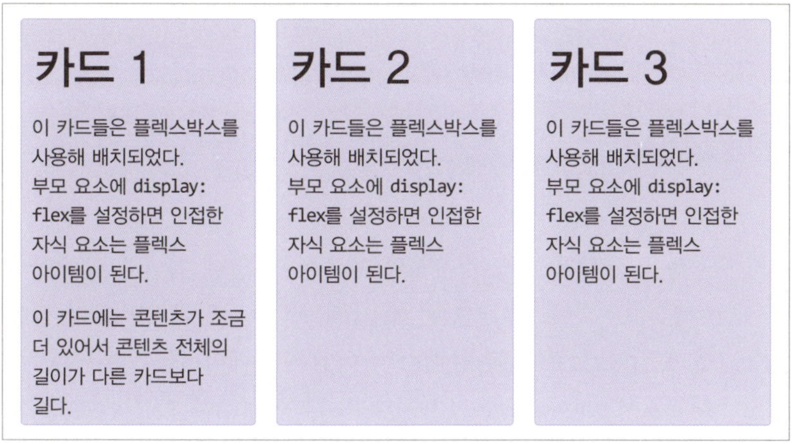

그림 3.12 부모 요소에 `display: flex`를 추가하면 자식 요소가 플렉스 아이템이 되어 플렉스박스처럼 동작한다.

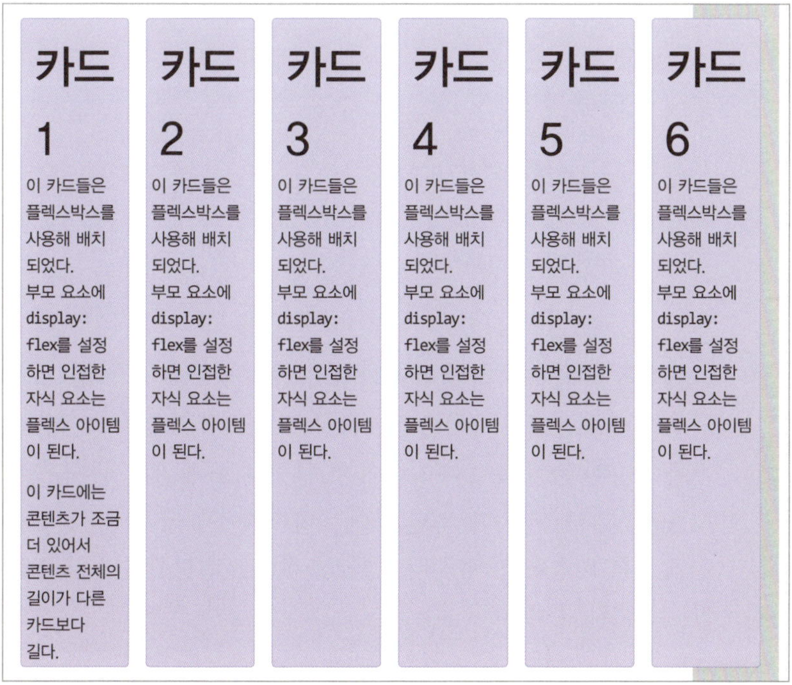

그림 3.13 플렉스 아이템이 컨테이너를 벗어나기 시작한다.

3장 새로운 레이아웃 **53**

```css
.cards {
  display: flex;
}
```

코드 예제: http://bkaprt.com/ncl/03-11/

목록 항목을 계속 추가하면 항목이 그 줄에 하나씩 늘어난다(그림 3.13). 플렉스 아이템은 min-content로 설정한 너비보다 작아질 수 없으므로 결국 플렉스 아이템은 컨테이너를 벗어난다. 이 예제에서 min-content 크기는 목록 항목 내부에 있는 단어 중 가장 긴 것을 기준으로 설정된다.

플렉스 아이템이 컨테이너를 벗어나지 않게 하려면 플렉스 아이템이 여러 줄에 걸쳐 표현될 수 있도록 flex-wrap 속성을 설정하면 된다.

```css
.cards {
  display: flex;
  flex-wrap: wrap;
}
```

코드 예제: http://bkaprt.com/ncl/03-12/

플렉스 아이템은 이제 늘어나서 너비를 꽉 채우게 된다. 줄바꿈이 되려면 플렉스 아이템에도 flex 속성을 추가해야 하는데, 여기서 사용한 축약 속성과 속성의 각 구성 요소에 관해서는 5장에서 자세히 다룰 것이다. 일단 플렉스 아이템이 늘어나거나 줄어들 수 있도록 허용하고 적정 너비를 200픽셀로 설정했다는 것 정도만 기억하자.

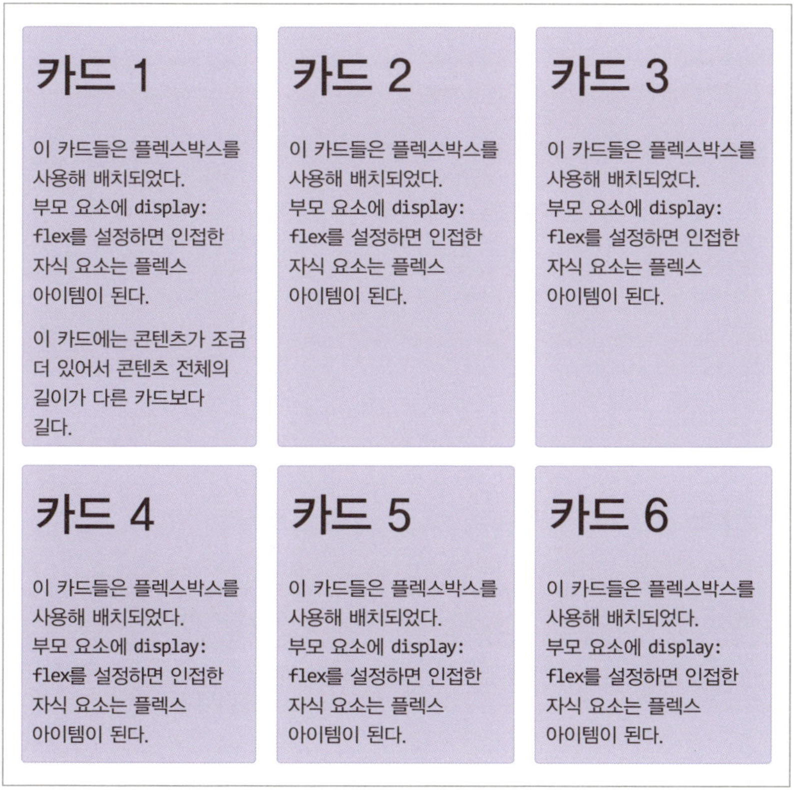

카드 1
이 카드들은 플렉스박스를 사용해 배치되었다. 부모 요소에 display: flex를 설정하면 인접한 자식 요소는 플렉스 아이템이 된다.

이 카드에는 콘텐츠가 조금 더 있어서 콘텐츠 전체의 길이가 다른 카드보다 길다.

카드 2
이 카드들은 플렉스박스를 사용해 배치되었다. 부모 요소에 display: flex를 설정하면 인접한 자식 요소는 플렉스 아이템이 된다.

카드 3
이 카드들은 플렉스박스를 사용해 배치되었다. 부모 요소에 display: flex를 설정하면 인접한 자식 요소는 플렉스 아이템이 된다.

카드 4
이 카드들은 플렉스박스를 사용해 배치되었다. 부모 요소에 display: flex를 설정하면 인접한 자식 요소는 플렉스 아이템이 된다.

카드 5
이 카드들은 플렉스박스를 사용해 배치되었다. 부모 요소에 display: flex를 설정하면 인접한 자식 요소는 플렉스 아이템이 된다.

카드 6
이 카드들은 플렉스박스를 사용해 배치되었다. 부모 요소에 display: flex를 설정하면 인접한 자식 요소는 플렉스 아이템이 된다.

그림 3.14 플렉스 아이템이 이제 두 줄에 걸쳐 표현된다.

```
.cards li {
  flex: 1 1 200px;
}
```

컨테이너에 여섯 개의 플렉스 아이템이 있으면 아이템은 깔끔하게 두 줄에 걸쳐 나타나고 잘 정돈된 그리드를 구성한다(**그림 3.14**). 하지만 속지 말자. 목록에서 목록 항목을 하나라도 제거하

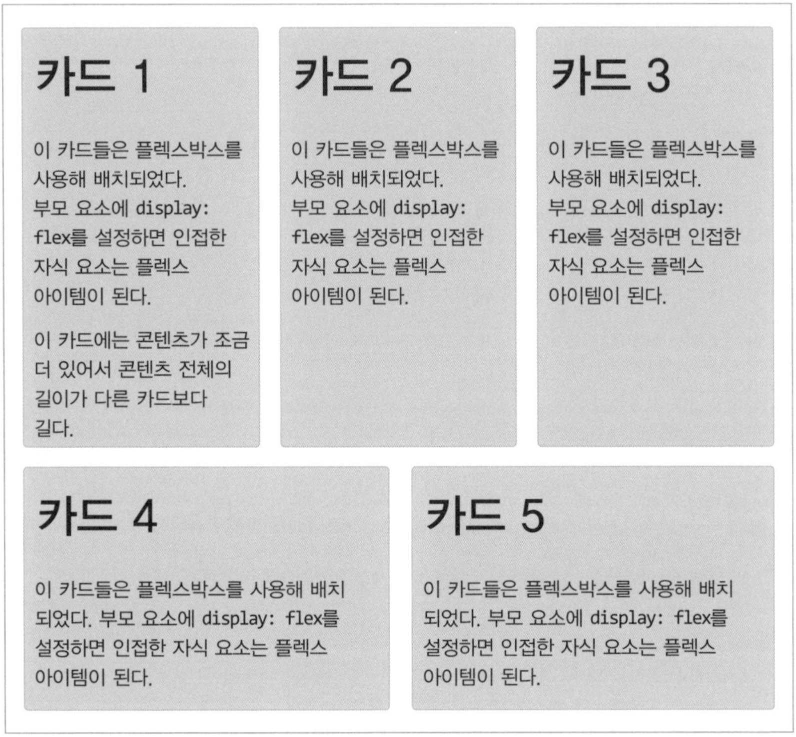
카드 1
이 카드들은 플렉스박스를 사용해 배치되었다.
부모 요소에 display: flex를 설정하면 인접한 자식 요소는 플렉스 아이템이 된다.
이 카드에는 콘텐츠가 조금 더 있어서 콘텐츠 전체의 길이가 다른 카드보다 길다.
카드 2
이 카드들은 플렉스박스를 사용해 배치되었다.
부모 요소에 display: flex를 설정하면 인접한 자식 요소는 플렉스 아이템이 된다.
카드 3
이 카드들은 플렉스박스를 사용해 배치되었다.
부모 요소에 display: flex를 설정하면 인접한 자식 요소는 플렉스 아이템이 된다.
카드 4
이 카드들은 플렉스박스를 사용해 배치되었다. 부모 요소에 display: flex를 설정하면 인접한 자식 요소는 플렉스 아이템이 된다.
카드 5
이 카드들은 플렉스박스를 사용해 배치되었다. 부모 요소에 display: flex를 설정하면 인접한 자식 요소는 플렉스 아이템이 된다.

그림 3.15 공간은 줄을 따라 나뉜다. 마지막 줄에는 플렉스 아이템이 두 개밖에 없다.

면 그리드 효과는 사라진다. 마지막 두 개의 아이템이 두 번째 줄을 분할해서 사용하기 때문이다(**그림 3.15**).

플렉스 아이템이 다음 줄로 넘어가면 새로운 줄이 플렉스 컨테이너가 된다. 칼럼을 다룰 때도 같은 일이 일어난다. 즉 플렉스 아이템이 다음 칼럼으로 넘어가면 새로운 칼럼이 플렉스 컨테이너가 되는 것이다. 이는 곧 각 줄마다 개별적으로 사용 가능한 공간을 할당한다는 뜻이다. 플렉스박스는 바로 위나 아래에 있는 다른 플렉스박스와 선을 맞추어 정렬하지 않는다. 이를 가리켜 1차원 레이아웃one-dimensional layout이라고 한다. 한 줄 또는 한 칼럼을 따라 플렉스 아이템을 배치할 수는 있지만 플렉스박스를 사용해 줄과 칸을 동시에 제어할 수는 없다.

플렉스박스가 그리드처럼 동작하게 하려면 플렉스박스의 핵심 기능인 유연성을 조금 제한해야 한다. 1장에서 플로트 기반 레이아웃을 살펴볼 때 컨테이너를 깔끔하게 채울 수 있도록 칼럼의 너비를 계산했다. 같은 방식을 플렉스박스에도 적용할 수 있다.

플렉스 아이템에 너비를 설정한 후 `flex` 속성의 값에서 `flex-grow`와 `flex-shrink` 부분을 0으로 설정하고 `flex-basis`를 `auto`로 설정한다. 이제 이 플렉스 아이템은 주어진 퍼센트 너비 이상으로 커지지 않는다. 다시 말해 한 줄에 플렉스 아이템이 두 개밖에 없더라도 나머지 공간을 다 차지하기 위해 더 넓어지지 않는다는 것이다. 플로트를 사용한 그리드처럼 각 플렉스 아이템 사이의 간격도 계산에 포함해야 한다(**그림 3.16**).

```
.cards li {
  width: calc(33.333333333% - 20px);
  flex: 0 0 auto;
}
```

코드 예제: http://bkaprt.com/ncl/03-13/

플렉스박스 기반 그리드 프레임워크의 기본 원리는 약간의 변형만 있을 뿐 대체로 앞의 코드와 비슷하다. 이 시스템은 플렉스박스를 사용해 공간을 배열하고 같은 높이의 칼럼을 만들면서도 계산한 너비를 설정하여 플렉스 아이템이 남은 빈 공간을 차지하지 않도록 제한했다.

5장에서는 `flex-grow`, `flex-shrink`, `flex-basis`와 같은 플렉스

카드 1	카드 2	카드 3
이 카드들은 플렉스박스를 사용해 배치되었다. 부모 요소에 `display: flex`를 설정하면 인접한 자식 요소는 플렉스 아이템이 된다.	이 카드들은 플렉스박스를 사용해 배치되었다. 부모 요소에 `display: flex`를 설정하면 인접한 자식 요소는 플렉스 아이템이 된다.	이 카드들은 플렉스박스를 사용해 배치되었다. 부모 요소에 `display: flex`를 설정하면 인접한 자식 요소는 플렉스 아이템이 된다.
카드 4	**카드 5**	
이 카드들은 플렉스박스를 사용해 배치되었다. 부모 요소에 `display: flex`를 설정하면 인접한 자식 요소는 플렉스 아이템이 된다.	이 카드들은 플렉스박스를 사용해 배치되었다. 부모 요소에 `display: flex`를 설정하면 인접한 자식 요소는 플렉스 아이템이 된다.	

그림 3.16 플렉스 아이템의 확장이나 축소를 방지하고 너비를 설정하면 그리드처럼 동작하는 플렉스박스를 만들 수 있다.

속성이 어떻게 동작하는지 좀더 자세히 살펴볼 것이다. 이 속성을 사용하면 플렉스 아이템을 훨씬 더 세밀하게 조작할 수 있다. 하지만 정말로 그리드를 만드는 것이 목적이라면 다음에 나올 CSS 그리드 레이아웃 명세를 권한다.

CSS 그리드 레이아웃

앞서 살펴본 바와 같이 플렉스박스는 그리드 레이아웃을 위해 고안된 것이 아니다. 하지만 지금부터 살펴볼 최신 명세는 그리드

그림 3.17 기본적인 그리드 레이아웃

레이아웃을 위해 설계되었다. CSS 그리드 레이아웃^{CSS Grid Layout}은 이름에 걸맞게 CSS로 그리드 레이아웃을 작성한다. 이 명세는 2차원 레이아웃^{two-dimensional layout}을 다룬다. 다시 말해 줄과 칼럼을 동시에 제어하고 배치할 수 있다. 지금부터 우리는 그리드 레이아웃의 다양한 예제를 살펴볼 것이다. 먼저 플렉스박스를 그리드처럼 표현할 때 발생하는 문제를 그리드 레이아웃으로는 어떻게 해결하는지 알아보자.

다음 예제에는 칼럼이 세 개인 그리드가 있다(**그림 3.17**). 컨테이너에는 `display: grid`가 적용되었고 `grid-template-columns` 속성을 사용해 너비가 같은 칼럼 세 개를 만들었다. 여기에서 그리드를 위한 새로운 단위인 `fr`가 사용되었는데 이는 유연한 너비를 의미하는 단위다. 이 단위에 관해서는 5장에서 자세히 살펴보기로 하고 여기서는 컨테이너에서 사용 가능한 공간의 분할 비율을 의미한다고 기억하자.

세 개 칼럼의 너비는 각각 `1fr`로 설정했는데, 이는 사용 가능한 공간을 세 개로 나누되 균등한 비율로 나누겠다는 뜻이다. 컨테이너의 인접 자식 요소를 그리드처럼 표시할 때 필요한 것은 이것이 전부다. 플렉스박스와 달리 자식 요소에 별도의 규칙을 추가하지 않아도 자식 요소가 그리드의 각 칸처럼 알맞게 표시된다.

```
.cards {
  margin: 0 -10px;
  display: grid;
  grid-template-columns: 1fr 1fr 1fr;
}
```

코드 예제: http://bkaprt.com/ncl/03-14/

이미 보았듯이 그리드 아이템은 너비를 따로 설정하지 않아도 완전한 그리드를 형성한다. 플렉스박스 그리드를 만들 때 겪었던 다른 문제도 그리드 명세에 있는 속성을 사용하면 해결할 수 있다. 플렉스 아이템 사이에 간격을 주려면 플렉스 아이템에 마진을 주고, 가장 오른쪽 아이템과 가장 왼쪽 아이템에 있는 불필요한 마진을 없애려면 컨테이너에 음수값으로 마진을 설정해야 한다. CSS 그리드 레이아웃에서는 `grid-gap` 속성을 사용해 간격을 설정할 수 있다. 이 속성은 수평 또는 수직 간격을 설정할 수 있는 `grid-column-gap`과 `grid-row-gap`의 축약형이다.

이 속성의 동작을 알아보기 위해 컨테이너에 있는 음수값 마진도 없애고 그리드 아이템의 마진도 없앤 후 grid-gap만을 사용해 그리드 아이템 사이의 간격을 설정했다. 문제없이 작성했다면 마진이나 음수값 마진을 전혀 사용하지 않아도 앞과 똑같은 레이아웃을 브라우저에서 볼 수 있다.

```
.cards {
  display: grid;
  grid-template-columns: 1fr 1fr 1fr;
  grid-gap: 20px
}
```

코드 예제: http://bkaprt.com/ncl/03-15/

　이 책이 인쇄되기 전에 CSS 작업 그룹은 grid-gap 속성의 이름을 바꾸었다. grid-column-gap은 column-gap으로, grid-row-gap은 row-gap으로 고쳤다. 또한 이 속성의 정의가 박스 정렬 명세 Box Alignment Specification 로 이동했다. 어쩌면 가까운 시일 내에 플렉스박스도 그리드와 똑같은 방식을 사용해 아이템 사이의 간격을 설정할 수 있을지 모른다.

　브라우저는 이름이 바뀌기 전부터 이 속성을 지원하고 있었기 때문에 아직은 새 이름보다는 grid-* 형식의 이름이 사용되고 있다. 이 글을 쓰는 시점에서 새 이름을 지원하는 브라우저는 없었으므로 앞으로 다룰 예제에서는 grid-*를 계속 사용할 것이다. 예전 이름과 새 이름을 모두 지원하고 싶다면 다음 예제처럼 두 종류의 이름을 모두 사용해도 괜찮다.

```
.cards {
  display: grid;
  grid-template-columns: 1fr 1fr 1fr;
  grid-gap: 20px;
```

```
      gap: 20px;
    }
```

그리드를 사용한 아이템 배치

2차원 그리드two-dimensional grid와 이를 사용한 아이템 배치의 장점을 살린다면 플렉스박스를 굳이 사용할 이유가 없다. 아이템을 배치하는 가장 단순한 방법은 줄 번호를 사용하는 것이다(그림 3.18). 그리드에서 각 줄과 칼럼은 해당 번호가 있고 이 번호는 1부터 시작한다. 이 번호의 순서는 문서에 사용된 언어에 따라 달라진다. 영어나 한국어같이 **왼쪽에서 오른쪽으로**left-to-right: LTR 읽는 언어라면 그리드의 왼쪽 끝이 1번이 된다. 아랍어처럼 **오른쪽에서 왼쪽으로**right-to-left: RTL 읽는 언어라면 그리드의 오른쪽 끝이 1번이 된다. 그리드의 반대쪽 끝, 다시 말해 LTR 언어에서의 오른쪽 끝이나 RTL 언어에서의 왼쪽 끝은 –1번이 된다.

```
.cards {
  display: grid;
  grid-template-columns: 1fr 1fr 1fr;
  grid-gap: 20px;
}
.card1 {
  grid-column: 1 / 3;
  grid-row: 1;
}
.card2 {
  grid-column: 3;
  grid-row: 1;
}
.card3 {
  grid-column: 1;
```

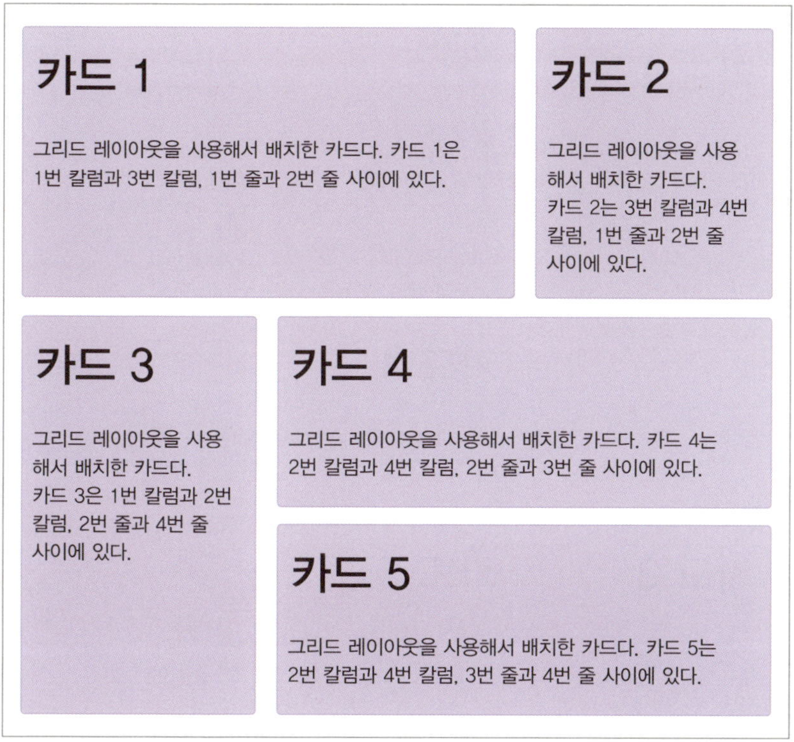

카드 1

그리드 레이아웃을 사용해서 배치한 카드다. 카드 1은 1번 칼럼과 3번 칼럼, 1번 줄과 2번 줄 사이에 있다.

카드 2

그리드 레이아웃을 사용해서 배치한 카드다. 카드 2는 3번 칼럼과 4번 칼럼, 1번 줄과 2번 줄 사이에 있다.

카드 3

그리드 레이아웃을 사용해서 배치한 카드다. 카드 3은 1번 칼럼과 2번 칼럼, 2번 줄과 4번 줄 사이에 있다.

카드 4

그리드 레이아웃을 사용해서 배치한 카드다. 카드 4는 2번 칼럼과 4번 칼럼, 2번 줄과 3번 줄 사이에 있다.

카드 5

그리드 레이아웃을 사용해서 배치한 카드다. 카드 5는 2번 칼럼과 4번 칼럼, 3번 줄과 4번 줄 사이에 있다.

그림 3.18 그리드에서 카드는 숫자를 사용해 배치한다.

```
  grid-row: 2 / 4;
}
.card4 {
  grid-column: 2 / 4;
  grid-row: 2;
}
.card5 {
  grid-column: 2 / 4;
  grid-row: 3;
}
```

코드 예제: http://bkaprt.com/ncl/03-16/

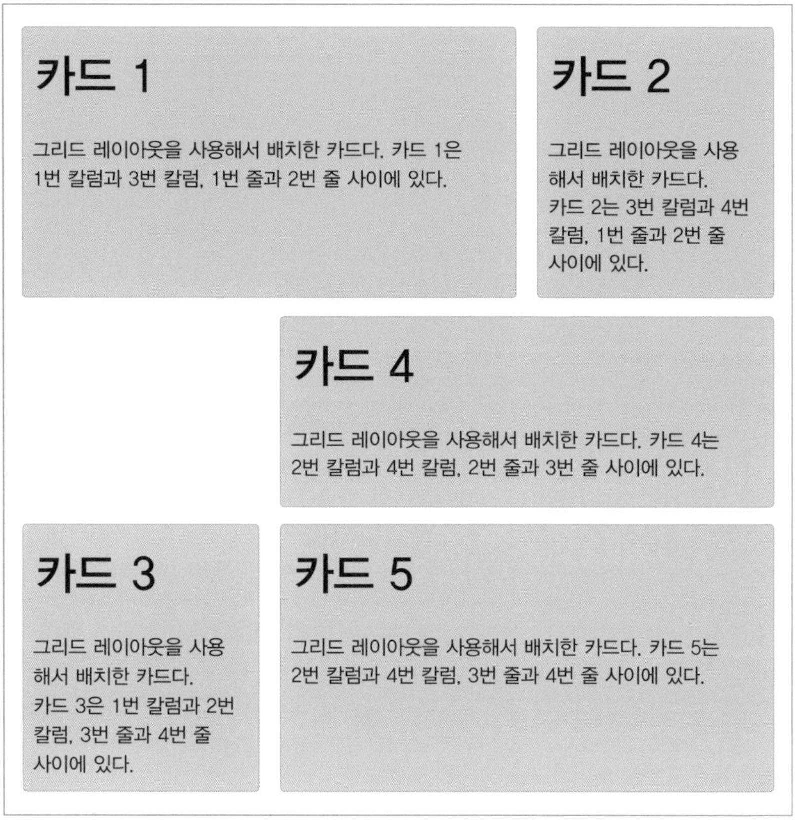

카드 1

그리드 레이아웃을 사용해서 배치한 카드다. 카드 1은 1번 칼럼과 3번 칼럼, 1번 줄과 2번 줄 사이에 있다.

카드 2

그리드 레이아웃을 사용해서 배치한 카드다. 카드 2는 3번 칼럼과 4번 칼럼, 1번 줄과 2번 줄 사이에 있다.

카드 4

그리드 레이아웃을 사용해서 배치한 카드다. 카드 4는 2번 칼럼과 4번 칼럼, 2번 줄과 3번 줄 사이에 있다.

카드 3

그리드 레이아웃을 사용해서 배치한 카드다. 카드 3은 1번 칼럼과 2번 칼럼, 3번 줄과 4번 줄 사이에 있다.

카드 5

그리드 레이아웃을 사용해서 배치한 카드다. 카드 5는 2번 칼럼과 4번 칼럼, 3번 줄과 4번 줄 사이에 있다.

그림 3.19 CSS 그리드 레이아웃을 사용하면 공백을 쉽게 만들 수 있다.

이 예제에서는 그리드 레이아웃의 강력한 힘을 엿볼 수 있다. 다른 레이아웃 제작 방식으로는 줄과 칼럼을 확장하기 어렵다. 하지만 그리드 레이아웃으로는 할 수 있다. 카드의 배경색은 콘텐츠가 작더라도 경계까지 늘어난다. 블록을 확장하거나 간격을 설정하는 것도 쉽다. 카드 3의 줄을 3으로 바꾸면 그 영역을 차지하는 카드가 없기 때문에 빈칸으로 표시된다(**그림 3.19**). 플로팅 요소를 이용할 때와 다른 점은 플로팅 요소는 가능한 한 위로 올라와서 사용할 수 있는 공간을 모두 채웠다면 그리드는 그렇지 않다는 것이다.

그리드 아이템의 위치는 **이름 있는 영역**named area을 통해서도 설정할 수 있다. 이를 사용하면 CSS에서 직접 레이아웃의 형태를 기술할 수 있다. 다음 예제에서는 grid-area 속성을 사용해 카드별로 이름을 정해주었다. 카드 이름은 단순하게 a부터 e까지로 설정했다.

```
.card1 { grid-area: a; }
.card2 { grid-area: b; }
.card3 { grid-area: c; }
.card4 { grid-area: d; }
.card5 { grid-area: e; }
```

다음으로 grid-template-areas 속성을 컨테이너에 적용했다. 이 속성의 값을 통해 레이아웃 형태를 정의한다(**그림 3.20**).

```
.cards {
  display: grid;
  grid-template-columns: 1fr 1fr 1fr;
  grid-gap: 20px;
  grid-template-areas:
    "a a b"
    "c d d"
    "c e e";
}
```

그런데 grid-template-areas를 사용할 때 몇 가지 기억할 것이 있다. 어떤 영역을 여러 칸에 걸쳐 확장하려면 해당 영역의 이름

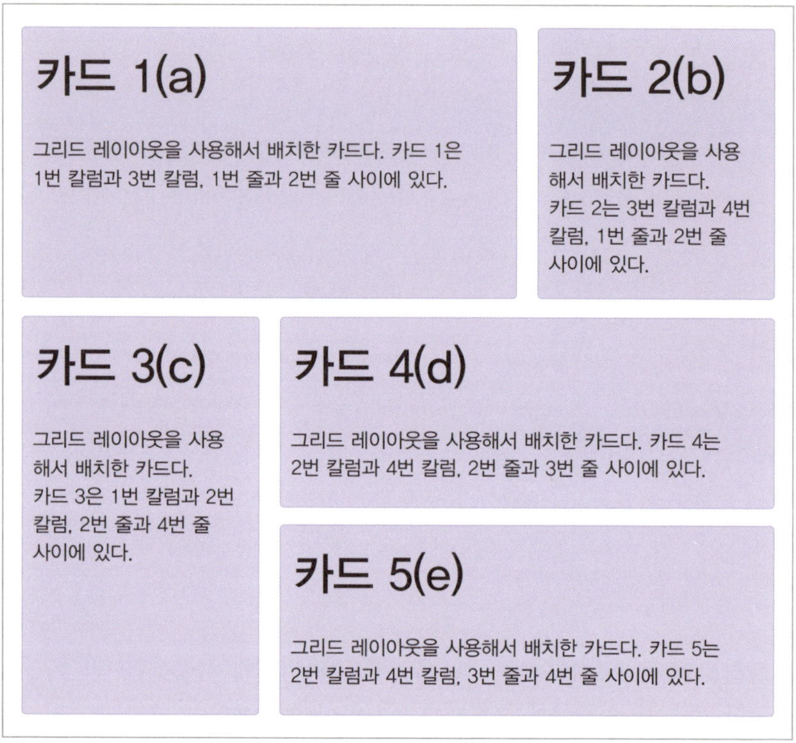

```
┌─────────────────────────────────┬──────────────────────┐
│ 카드 1(a)                        │ 카드 2(b)            │
│                                  │                      │
│ 그리드 레이아웃을 사용해서 배치한 카드다. 카드 1은  │ 그리드 레이아웃을 사용 │
│ 1번 칼럼과 3번 칼럼, 1번 줄과 2번 줄 사이에 있다.   │ 해서 배치한 카드다.   │
│                                  │ 카드 2는 3번 칼럼과 4번 │
│                                  │ 칼럼, 1번 줄과 2번 줄 │
│                                  │ 사이에 있다.          │
├──────────────┬───────────────────┴──────────────────────┤
│ 카드 3(c)    │ 카드 4(d)                                 │
│              │                                           │
│ 그리드 레이아웃을 사용 │ 그리드 레이아웃을 사용해서 배치한 카드다. 카드 4는 │
│ 해서 배치한 카드다.   │ 2번 칼럼과 4번 칼럼, 2번 줄과 3번 줄 사이에 있다. │
│ 카드 3은 1번 칼럼과 2번 ├───────────────────────────────┤
│ 칼럼, 2번 줄과 4번 줄 │ 카드 5(e)                      │
│ 사이에 있다.          │                                │
│              │ 그리드 레이아웃을 사용해서 배치한 카드다. 카드 5는 │
│              │ 2번 칼럼과 4번 칼럼, 3번 줄과 4번 줄 사이에 있다. │
└──────────────┴───────────────────────────────────────────┘
```

그림 3.20 `grid-template-areas`의 값은 레이아웃의 시각적인 표현을 정의한다.

을 여러 번 적어야 한다. 카드 1은 칼럼 두 개 분량만큼 확장되어 있으므로 `a`를 한 번 더 입력했다. 또한 영역은 반드시 사각형 형태가 되어야 한다. 아직은 L자 형태의 영역을 만들 수 없다.

빈칸은 마침표(.)를 사용해서 만든다. 첫 번째 `c`를 `.`로 바꾸면 레이아웃에서 해당 칸이 공백으로 나타난다(**그림 3.21**).

```css
.cards {
  display: grid;
  grid-template-columns: 1fr 1fr 1fr;
```

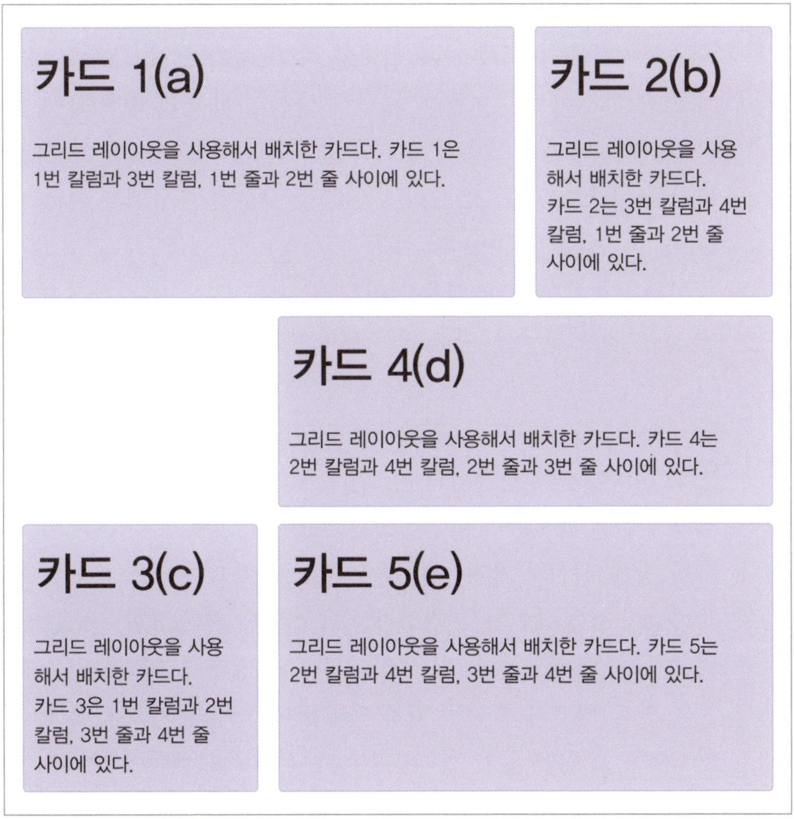

카드 1(a)

그리드 레이아웃을 사용해서 배치한 카드다. 카드 1은 1번 칼럼과 3번 칼럼, 1번 줄과 2번 줄 사이에 있다.

카드 2(b)

그리드 레이아웃을 사용해서 배치한 카드다. 카드 2는 3번 칼럼과 4번 칼럼, 1번 줄과 2번 줄 사이에 있다.

카드 4(d)

그리드 레이아웃을 사용해서 배치한 카드다. 카드 4는 2번 칼럼과 4번 칼럼, 2번 줄과 3번 줄 사이에 있다.

카드 3(c)

그리드 레이아웃을 사용해서 배치한 카드다. 카드 3은 1번 칼럼과 2번 칼럼, 3번 줄과 4번 줄 사이에 있다.

카드 5(e)

그리드 레이아웃을 사용해서 배치한 카드다. 카드 5는 2번 칼럼과 4번 칼럼, 3번 줄과 4번 줄 사이에 있다.

그림 3.21 레이아웃 왼쪽에 빈칸도 생겼다.

```
    grid-gap: 20px;
    grid-template-areas:
      "a a b"
      ". d d"
      "c e e";
}
```

코드 예제: http://bkaprt.com/ncl/03-17/

그리드 영역의 이름을 두 글자 이상으로 길게 지었다면 grid-template-areas 속성의 값을 입력할 때 각 그리드 영역 이름의 줄과 칸을 맞추어서 코드를 보기 좋게 만들고 싶을 것이다. 사실 빈 칸 한 개는 마침표 사이에 공백만 없다면 마침표를 여러 개 사용해서 표시해도 된다. 각 그리드 이름을 구분하는 공백도 여러 개를 붙여서 사용할 수 있다.

이름 있는 그리드 영역은 그리드 아이템을 매우 편리하게 옮길 수 있는 좋은 도구다. 나는 프로토타이핑 등의 단계에서 이를 즐겨 사용한 덕에 레이아웃 구현 방식에 대한 고민을 덜고 더 나은 인터페이스를 표현하는 데 집중할 수 있게 되었다. 그리고 최종적으로 레이아웃이 결정되면 마크업으로 돌아가서 코드의 순서를 알맞게 다시 배치한다.

이 장에서는 몇 가지 예제를 통해 그리드 레이아웃 제작을 시작하고 적절한 레이아웃 제작 방식을 선택할 때 필요한 지식을 배웠다. 물론 아직도 배울 것은 많다 하지만 방대하고 많은 일을 하는데 반해 명세의 핵심은 매우 단순하다는 것을 기억하자. 약간의 CSS로도 많은 일을 할 수 있다. 본격적으로 레이아웃 제작에 돌입하면 질문도 늘어나고 이러한 레이아웃 제작 방식을 사용해 하고 싶은 일도 점점 많아질 것이다. 이에 대해서는 책의 나머지 부분에서 소개할 테니 기대해도 좋다.

4 배치와 정렬

레이아웃에서 요소를 정확하게 배치할 방법은 오랫동안 존재하지 않았다. 플렉스박스가 등장하면서 드디어 플렉스 아이템을 늘리거나 배치할 길이 열렸다.

3장에서는 플렉스박스와 CSS 그리드 레이아웃의 예제를 살펴보았다. 이 명세는 세 번째 명세, 즉 박스 정렬 모듈 레벨 3[Box Alignment Module Level 3](http://bkaprt.com/ncl/04-01/)에서 정의되었다. 이 모듈은 플렉스박스에서 살펴보았던 흥미롭고 유용한 정렬 기능 부분만 가져와서 다른 명세에서도 이를 사용할 수 있도록 새로운 명세로 정의했다. 4장에서는 CSS 그리드 레이아웃에서 이 기능이 어떻게 구현되는지 알아보자.

플렉스 아이템 배치

높이가 같은 칼럼을 만들기 위해 플렉스 아이템과 그리드 아이템을 플렉스 컨테이너나 그리드 영역의 높이에 맞게 늘리는 방법은 이미 살펴보았다. 이는 플렉스 아이템이나 그리드 아이템의 기본값이 stretch이기 때문에 가능했다.

이 예제에서 컨테이너 안에는 네 개의 플렉스 아이템이 있다(**그림 4.1**). 컨테이너의 높이를 50vh[1]로 설정하고 플렉스 아이템을 컨테이너 높이만큼 늘렸다.

```
<ul class="cards">
  <li>Item 1</li>
  <li>Item 2</li>
  <li>Item 3</li>
  <li>Item 4</li>
</ul>

.cards {
  margin: 0 -10px;
  display: flex;
  height: 50vh;
}
```

컨테이너에 align-items 속성을 추가하면 다양한 값을 사용해 플렉스 항목을 배치할 수 있다. flex-start를 사용하면 요소가 컨테이너 상단으로 붙고, flex-end를 사용하면 바닥에 붙는다. center는 요소를 중간에 배치한다(**그림 4.2**).

---

[1] 뷰포트 높이를 기준으로 하는 상대적 단위로 1vh는 뷰포트 높이의 1퍼센트를 의미한다. 참고: https://bit.ly/2tYLvDQ

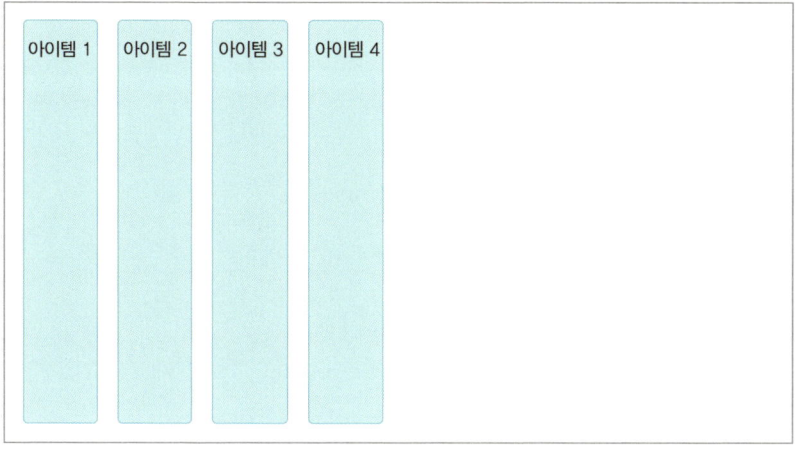

그림 4.1 이 아이템들은 `align-items`의 기본값이 `stretch`이기 때문에 늘어난다.

그림 4.2 플렉스 아이템은 `align-items` 속성을 사용해 배치한다.

```css
.cards {
  margin: 0 -10px;
  display: flex;
  align-items: flex-start;
  height: 50vh;
}
```

코드 예제: http://bkaprt.com/ncl/04-02/

한편, `align-items` 속성은 컨테이너 내부의 모든 플렉스 아이템에 적용된다. 하지만 원한다면 개별 플렉스 아이템에 `align-self` 속성을 사용해 이 값을 덮어쓸 수 있다. 이 속성에 사용할 수 있

그림 4.3 `align-self` 속성은 개별 아이템의 정렬을 설정한다.

는 값은 `align-items`와 같지만 전체 그룹이 아닌 개별 플렉스 아이템의 배치를 설정한다는 점이 다르다(**그림 4.3**).

```
.cards li:nth-child(2) {
  align-self: stretch;
}
.cards li:nth-child(3) {
  align-self: flex-end;
}
.cards li:nth-child(4) {
  align-self: center;
}
```

코드 예제: http://bkaprt.com/ncl/04-03/

아이템 배치는 항상 **교차축**^{cross axis}에서 이루어진다. CSS에서 교

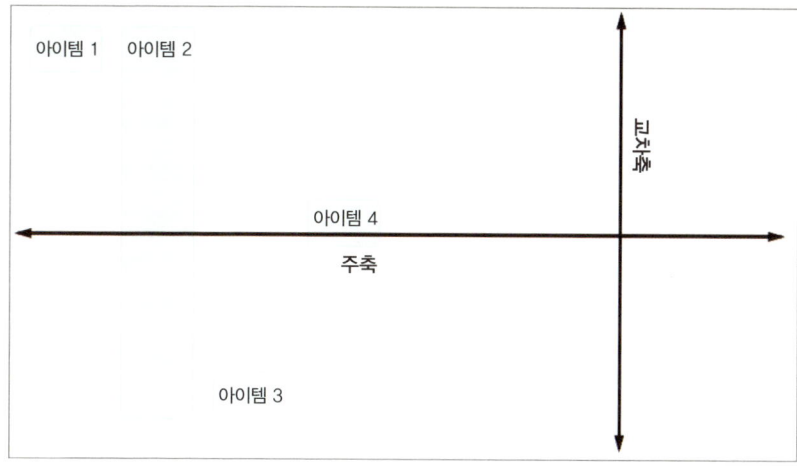

그림 4.4 두 개의 축

차축은 **블록축**block axis이라고 하며 그리드 명세에서는 **칼럼축**column axis 이라고도 한다. 앞 예제에서 플렉스 아이템은 한 줄로 표시되어 있고, 교차축은 가로줄을 수직으로 교차하며 플렉스 컨테이너 가장 상단부터 가장 하단까지 걸쳐 있다(**그림 4.4**).

만약 `flex-direction`을 `column`으로 바꾸면 교차축이 수평으로 바뀌고, 이때 플렉스 아이템을 `flex-end`로 배치하면 아이템은 오른쪽 끝에 몰려서 나타난다(**그림 4.5**).

```
.cards {
  display: flex;
  flex-direction: column;
  align-items: flex-end;
}
```

코드 예제: http://bkaprt.com/ncl/04-04/

그림 4.5 플렉스 컨테이너 끝에 flex-direction: column이 적용되어 표현된 요소

그리드 아이템 배치

그리드 아이템의 배치 방식은 플렉스박스와 같다.

이번에는 칼럼이 네 개인 세 줄짜리 그리드를 만들어서 CSS 그리드 레이아웃의 배치 방식을 알아보자. 그리드 아이템들은 3장에서 살펴본 이름 있는 그리드 영역 기법을 사용해 배치했다.

```
.cards {
  display: grid;
  grid-template-columns: repeat(4, 1fr);
  grid-template-rows: repeat(3, 100px);
  grid-template-areas:
    "a a a b"
    "a a a b"
    "c d d d";
  grid-gap: 20px;
}
  .one { grid-area: a; }
  .two { grid-area: b; }
  .three { grid-area: c; }
```

그림 4.6 그리드 영역이 네 개인 칼럼 네 개, 줄이 세 개인 그리드

```
.four { grid-area: d; }
```

코드 예제: http://bkaprt.com/ncl/04-05/[2]

플렉스박스와 마찬가지로 `align-items`의 기본값은 `stretch`다. 따라서 이 예제를 웹 브라우저에서 읽어 들이면 정의한 그리드 영역이 **그림 4.6**과 같이 나타난다.

이때 한 가지 팁이 있다. 지금부터는 더 복잡한 예제를 살펴볼 것이므로 그리드가 어떻게 정의되었는지 직접 확인하면 좋은데, 마침 파이어폭스 개발자 도구^{Firefox DevTools}에는 그리드 강조 도구(http://bkaprt.com/ncl/04-06/)가 포함되어 있다. 요소를 검사한 후 작은 그리드 아이콘을 클릭하면 그리드를 볼 수 있다(**그림 4.7**).

앞서 플렉스박스의 `align-items`는 교차축 위에서 동작한다고 배웠다. 그리드 컨테이너에 `align-items` 속성을 추가하고 `start`로

---

[2] 링크된 코드에서 `.cards`에 정의된 `align-items: start;`를 지워야 문제점을 볼 수 있다.

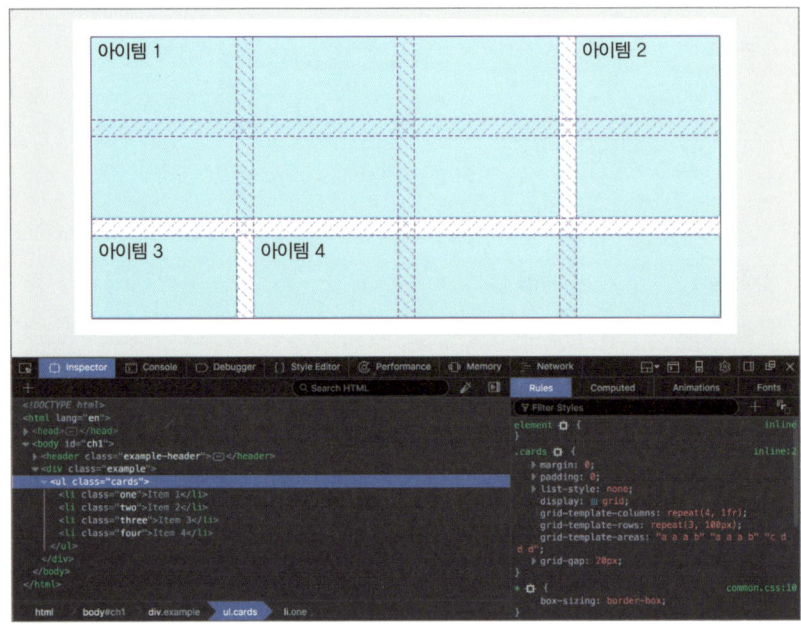

그림 4.7 파이어폭스에서 줄과 간격이 강조된 그리드를 볼 수 있다.

값을 설정하면 모든 요소가 각각 자신의 영역 상단에 붙는다(그림 4.8).

```
.cards {
  display: grid;
  grid-template-columns: repeat(4, 1fr);
  grid-template-rows: repeat(3, 100px);
  grid-template-areas:
    "a a a b"
    "a a a b"
    "c d d d";
  grid-gap: 20px;
  align-items: start;
}
```

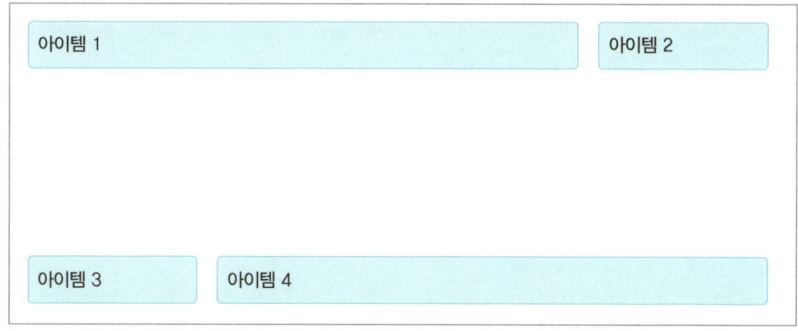

그림 4.8 `align-items`를 `start`로 설정한 그리드

각 영역의 배경색은 해당 영역 끝까지 표시되지 않고 콘텐츠가 있는 만큼만 표시된다.

플렉스박스와 마찬가지로 개별 요소에 `align-self` 속성을 사용하면 `align-items` 속성을 덮어쓸 수 있다(그림 4.9).

```
.two {
  grid-area: b;
  align-self: stretch;
}
.three {
  grid-area: c;
  align-self: flex-end;
}
.four {
  grid-area: d;
  align-self: center;
}
```

코드 예제: http://bkaprt.com/ncl/04-07/

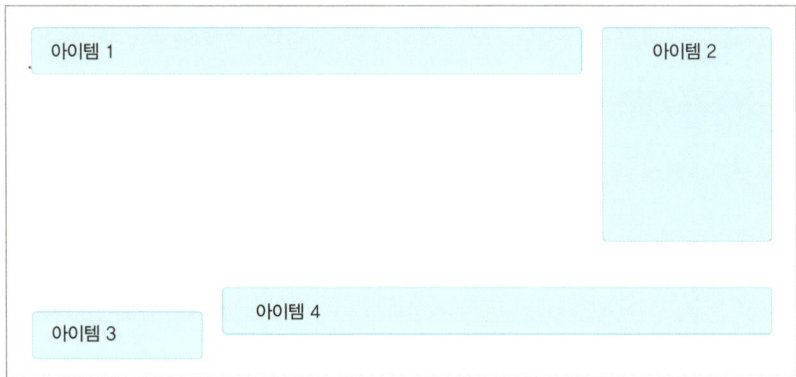

그림 4.9 순서대로 각각 자신의 그리드 영역이 start, stretch, end, center로 배치된 그리드 아이템

이 예제는 그리드 영역 안에서 블록축(또는 칼럼축)을 따라서 그리드 아이템을 배치한다.

그리드 아이템 정렬

수평축 또는 수직축을 따라 그리드 아이템을 정렬하고 싶다면 justify-items 속성을 사용한다. 이 속성은 개별 그리드 아이템에 justify-self를 설정한 것과 같은 효과를 보여준다.

그리드 레이아웃에서 justify-items의 초깃값은 stretch이므로 그리드 아이템은 기본적으로 할당된 영역의 크기를 꽉 채운다. 이 값을 end로 바꾸면 그리드 아이템은 각자 자신의 영역의 끝, 다시 말해 LTR 언어라면 오른쪽으로 이동한다(**그림 4.10**).

```
.cards {
  display: grid;
  grid-template-columns: repeat(4, 1fr);
  grid-template-rows: repeat(3, 100px);
```

그림 4.10 모든 그리드 아이템이 자기 영역의 끝 칼럼 선으로 이동한다.

```
grid-template-areas:
  "a a a b"
  "a a a b"
  "c d d d";
grid-gap: 20px;
justify-items: end;
}
```

개별 그리드 아이템의 justify-self 속성을 설정하면 justify-items 속성 각 그리드 아이템을 원하는 대로 정렬할 수 있다. justify-self 속성에 사용할 수 있는 값은 justify-items 속성과 동일하다.

```
.four {
  grid-area: d;
  justify-self: stretch;
}
```

코드 예제: http://bkaprt.com/ncl/04-08/

플렉스 아이템 정렬

플렉스박스에는 축이 하나밖에 없고 주축에 여러 아이템을 둘 수 있었기 때문에 justify-items와 justify-self 속성을 적용하지 않았다. 하지만 가끔 주축 위에 아이템을 일정한 간격으로 배치하고 싶을 때가 있는데, 이때는 콘텐츠 자체를 간격에 맞추어 배치해야 한다. 따라서 플렉스 컨테이너 전체에 영향을 주는 justify-content 속성을 사용한다. justify-content 속성은 주축, 즉 flex-direction이 row라면 가로줄, flex-direction이 column이라면 세로줄에서 동작한다.

justify-content의 초깃값은 flex-start다. 이 때문에 display: flex를 부모 요소에 정의하고 다른 설정을 아무것도 하지 않으면 플렉스 아이템이 플렉스 컨테이너의 시작 부분에 늘어선다. 다시 말해 왼쪽에서 오른쪽으로 읽는 언어에서라면 왼쪽 끝에 나타날 것이다. 반대로 flex-end로 설정하면 아이템이 컨테이너 끝에 늘어선다(그림 4.11).

```
.cards {
  display: flex;
  justify-content: flex-end;
}
```

코드 예제: http://bkaprt.com/ncl/04-09/

아이템 주변이나 아이템 사이에 간격 주기

주축을 따라 플렉스 아이템을 일정한 간격으로 배치할 때도 justify-content 속성을 사용한다. 이 속성의 값을 space-between으

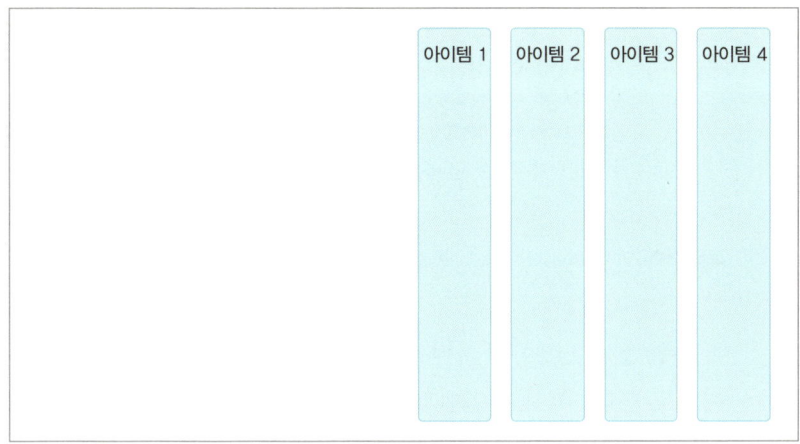

그림 4.11 justify-content: flex-end가 추가된 플렉스 아이템

로 설정하면 아이템 사이의 공간을 똑같은 간격으로 표시하고, space-around로 설정하면 모든 아이템 양쪽에 똑같은 간격의 마진을 부여한다. 따라서 아이템 사이의 간격은 분배된 마진의 두 배가 된다. 나머지 다른 값인 space-evenly는 모든 공백을 균등하게 배분한다. 아이템-아이템 사이의 간격과 컨테이너-아이템 사이의 간격이 똑같다.

요소를 정중앙에 배치하는 가장 간단한 방법

어떤 플렉스 아이템에 align-items와 justify-content를 동시에 적용하면 이 아이템을 쉽게 정중앙에 배치할 수 있다. 이 요소를 컨테이너 안에 두고 컨테이너에 display: flex를 설정한 후 요소의 align-items와 justify-content 속성을 모두 center로 설정한다.

```
.example {
  height: 50vh;
  display: flex;
  justify-content: center;
  align-items: center;
}
```

코드 예제: http://bkaprt.com/ncl/04-10/

겨우 플렉스 아이템 하나를 중앙에 두기 위한 것치고는 과해 보이기도 한다. 하지만 언젠가 이러한 번거로운 과정이 필요 없게 되는 날도 올 수 있다. 박스 정렬 명세는 이러한 정렬 관련 속성들이 다른 레이아웃 제작 방식에서도 동작해야 한다고 기술한다. 어쩌면 미래에는 사용하는 레이아웃 제작 방식에 상관없이 이 속성들을 적용할 수 있을지도 모른다.

플렉스박스의 align-content 속성

플렉스박스에서 align-content 속성은 교차축 위에서 동작한다. 또한 다음 조건을 모두 만족하면서 여유 공간이 있을 때만 동작한다.

- flex-wrap 속성의 값이 wrap일 때
- 아이템을 배치하기 위해 필요한 공간보다 컨테이너가 길 때

두 조건을 모두 만족한 상태라면 align-content를 justify-content와 같은 방식으로 사용할 수 있다.

다음 예제에서 align-content의 기본값은 stretch이므로 플렉스 아이템은 자신을 감싸고 있는 플렉스 컨테이너의 공간을 모두

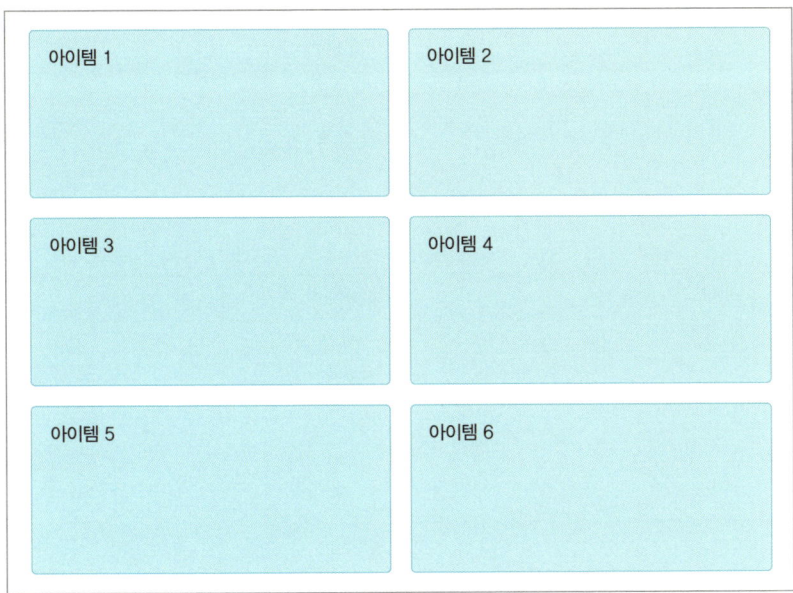

그림 4.12 50vh 높이의 컨테이너에서 자동으로 줄 바꿈되며 알맞게 배치된 카드

채워버린다(**그림 4.12**).

```
.cards {
  display: flex;
  flex-wrap: wrap;
  height: 50vh;
}
.cards li {
  flex: 1 1 250px;
}
```

align-content 속성을 space-between으로 설정하면 플렉스 아이템은 자신의 콘텐츠를 표현하기 위해 필요한 만큼의 공간을 차지

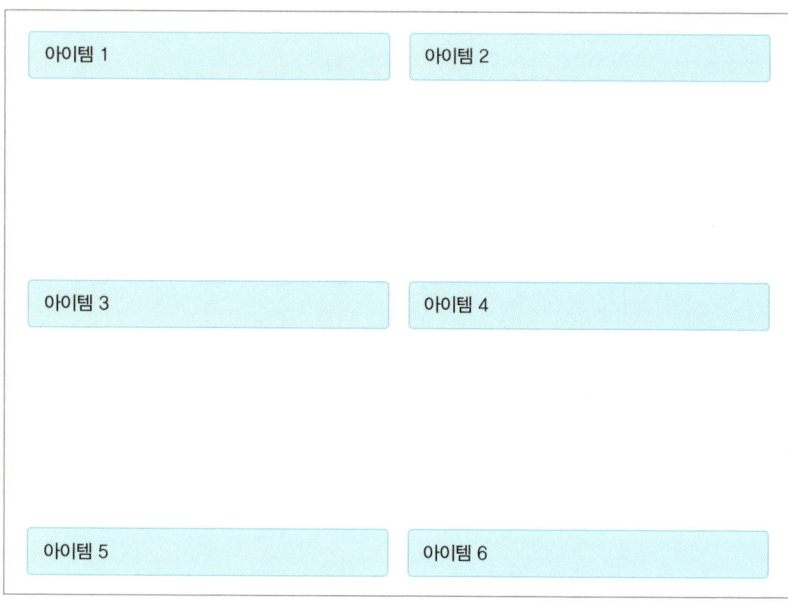

그림 4.13 아이템은 자신의 콘텐츠를 표현하기 위해 필요한 공간을 차지하고 남은 공간을 균등하게 분배한다.

한다. 그 후 남은 공간을 아이템 사이사이에 분배한다. 주축 위에서 justify-content가 작동하는 것과 같은 방식이다(그림 4.13).

```
.cards {
  display: flex;
  flex-wrap: wrap;
  align-content: space-between;
  height: 50vh;
}
```

코드 예제: http://bkaprt.com/ncl/04-11/

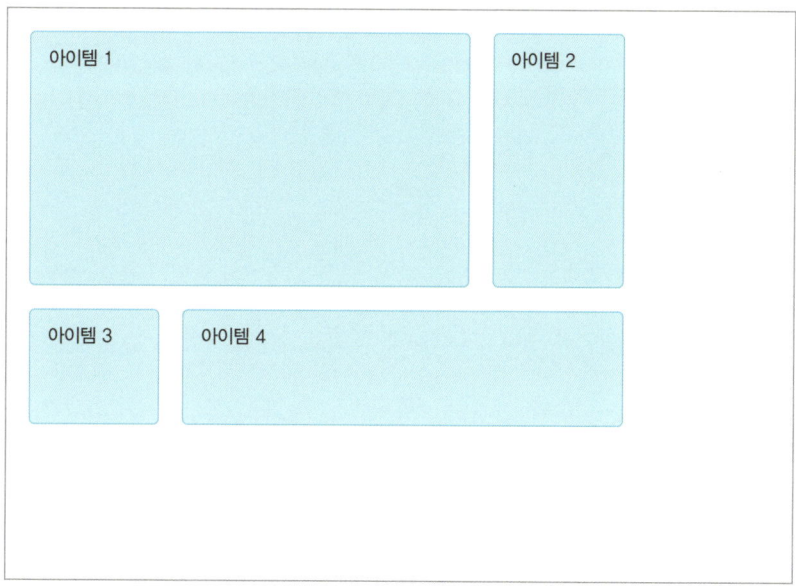

그림 4.14 align-content와 justify-content의 초깃값은 start이므로 트랙은 컨테이너의 왼쪽 상단에 자리잡는다.

그리드 트랙의 배치와 정렬

align-content와 justify-content 속성은 그리드 레이아웃의 트랙[3]에 영향을 준다. 플렉스박스에서 사용한 align-content처럼 이를 적용하려면 그리드 컨테이너에 여유 공간이 있어야 한다. 트랙의 크기를 fr 단위가 아닌 고정값으로 설정했다면 트랙은 그리드 컨테이너의 너비 또는 높이를 넘지 않게 배치된다.

다음 예제에서는 그리드 트랙이 그리드 컨테이너의 너비와 높이를 모두 넘지 않게 배치되었다(**그림 4.14**).

---

3 그리드의 열과 행. 참고: https://goo.gl/fS69na

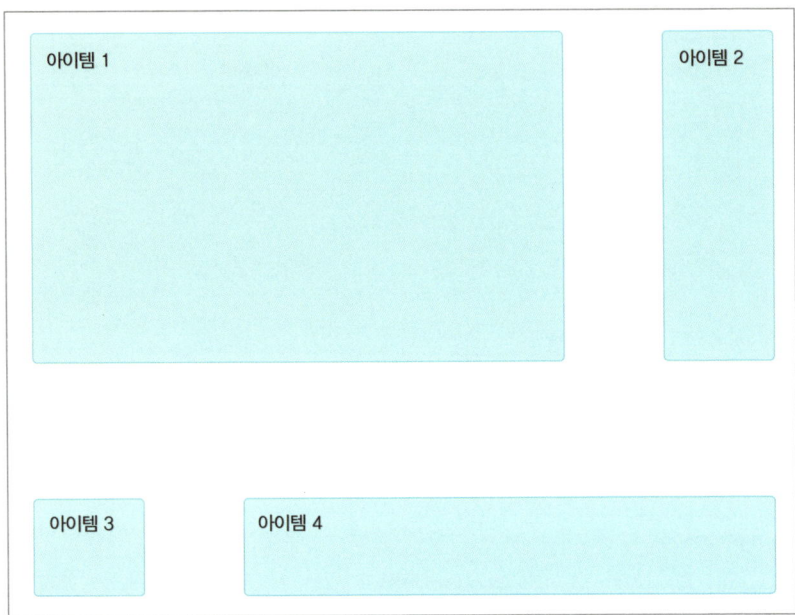

그림 4.15 align-content와 justify-content를 추가한 후 배치된 카드

이제 align-content와 justify-content 속성의 값을 space-between으로 설정하면 컨테이너의 너비와 높이를 모두 채울 수 있도록 트랙을 넓게 배치한다(**그림 4.15**).

```
.cards {
  display: grid;
  grid-template-columns: repeat(4, 15%);
  grid-template-rows: repeat(3, 100px);
  height: 50vh;
  grid-template-areas:
          "a a a b"
          "a a a b"
          "c d d d";
```

```
        grid-gap: 20px;
        align-content: space-between;
        justify-content: space-between;
    }
```

코드 예제: http://bkaprt.com/ncl/04-12/

트랙이 배치 정렬되었을 때의 여유 공간

앞서 그림에서 보듯이 space-between 값을 설정하면 그리드 간격이 넓어지는 것은 물론 넓어진 간격도 포함해 트랙의 크기가 확장되는 것을 알 수 있다. 넓어진 간격이 포함되기 때문에 여유 공간이 필요하다. 이로 인해 트랙이 상당히 커질 수 있으므로 디자인할 때 주의해야 한다.

자동 마진을 사용한 배치

자동 마진은 앞서 살펴본 정렬 속성의 값과 함께 매우 훌륭하게 작동한다. 특히 플렉스박스와 함께라면 더욱 그렇다.

앞서 플렉스박스의 1차원적 특성 때문에 justify-items는 플렉스박스에 적용되지 않는다는 사실을 언급했다. 하지만 같은 줄에 있는 플렉스 아이템 중 하나만 다른 방식으로 배치하고 싶을 때가 있는데, 바로 자동 마진이 등장할 때다.

좌우 마진을 auto로 설정해 블록을 중간에 배치해본 적 있다면 자동 마진이 사용 가능한 공간을 모두 소비한다는 사실을 알고 있을 것이다. 한 번에 양쪽 마진을 모두 설정하면 각 마진은 남은 공간을 전부 사용하려 하고, 그 결과 블록이 중간에 위치하게 된다. 같은 원리를 플렉스 아이템에도 적용할 수 있다. 다음 예제

그림 4.16 자동 마진을 사용하면 한 개의 플렉스 아이템만 오른쪽 끝에 배치할 수 있다.

는 처음에 모든 플렉스 아이템이 왼쪽으로 배치되게 작성되었다. 이후 last-child 요소의 왼쪽 마진을 auto로 설정하면 마지막 플렉스 아이템을 오른쪽 끝에 배치할 수 있다(그림 4.16).

```
.cards {
  display: flex;
}
.cards li:last-child {
  margin-left: auto;
}
```

코드 예제: http://bkaprt.com/ncl/04-13/

논리적 속성과 물리적 속성

배치와 관련해 절대 위치를 정할 때처럼 그리드 또는 플렉스 컨테이너의 왼쪽, 오른쪽, 위, 아래라고 하지 않고 왜 '시작start'이나 '끝end'이라는 표현을 쓰는지 그 이유가 궁금할 수 있다.

절대 위치에서 사용하는 left, right, top, bottom 속성은 **물리적**physical 속성이다. 어떤 요소가 화면에서 물리적으로 어디에 위치하는지 나타내기 때문이다. 하지만 이 경우 문서에 설정된 글쓰기 모드에 따라 문제가 발생하기 때문에 새로운 레이아웃 제작 방식에서는 컨테이너의 시작 부분을 나타내는 **논리적**logical 속성을 사

| 아이템 1 | 아이템 2 | 아이템 3 | 아이템 4 |

그림 4.17 오른쪽부터 시작하는 플렉스박스 아이템. 아이템 1이 가장 오른쪽에 있다.

용한다. 논리적 속성은 지금 사용하는 글쓰기 방향이 무엇이든 상관없다.

가장 최근에 살펴본 자동 마진 예제를 조금 수정해 논리적 속성과 물리적 속성의 차이를 간단하게 알아보자. 먼저 이 문서의 `html` 요소에 `dir` 속성을 추가하고 값을 `rtl`로 설정한다(**그림 4.17**).

```
<html lang="en" dir="rtl">
```

여기서 플렉스박스는 초깃값으로 `flex-start`라는 논리값을 사용하고 플렉스 아이템은 시작 위치부터 배치된다. 이 예제에서는 자동 마진을 할당하기 위해 `margin-left`라는 물리적 속성을 사용했지만 이 값은 달라진 글쓰기 모드에서는 동작하지 않는다. 앞서 작성한 예제와 같은 효과를 주려면 `margin-right` 값을 적용해야 한다.

현재 CSS에서 모든 논리적 속성을 물리적 속성에 대입할 수 있는 명세가 개발 중이다(http://bkaprt.com/ncl/04-14/). 앞으로는 이 명세에 있는 기술을 적용해 다양한 글쓰기 모드에 맞추어 디자인하는 일이 더 쉬워질 것이다. 그러나 아직은 한 가지 디자인으로 여러 글쓰기 모드에 대응할 때 물리적 속성이 사용된 부분과 그 이유를 잘 이해하고 주의를 기울여야 한다.

플렉스박스와 그리드 레이아웃을 사용해 작업할수록 이 명세의 힘을 제대로 쓰기 위해서는 배치에 관해 잘 이해하는 것이 무엇보다 중요하다. 사실 지금까지는 거의 다루지 못한 영역이기도 하다. 그러므로 사용할 때마다 축을 살펴보고 콘텐츠나 아이템 중 무엇을 정렬해야 하는지 확인해야 한다고 해서 걱정할 필요는 없다. 익숙하지 않은 것이 당연하기 때문이다.

  5장에서는 배치가 필요한 또 다른 영역, 즉 가변 그리드와 반응형 레이아웃의 제작에 대해 살펴볼 것이다.

5 반응형 디자인

반응형 디자인을 작성할 때는 요소를 각각 또는 같은 그룹으로 배치하는 것이 중요하다. 기준점이 될 고정 위치가 없다면 절댓값을 사용해 화면상의 고정된 위치를 기준으로 요소를 배치할 수 없다. 최신 레이아웃 제작 방식은 가변 그리드에 적합하도록 반응형 동작이 기본이다. 앞서 살펴본 배치와 정렬은 이러한 특징을 볼 수 있는 한 가지 사례일 뿐이다. 이 장에서는 가변 그리드를 살펴보고 이 명세에 있는 기능 대부분을 어떻게 구현할 것인지 알아볼 것이다.

1장에서는 `float`를 사용해 가변 그리드를 만드는 간단한 예제를 살펴보았다. 그리드를 만들기 위해 전체 너비의 일정 퍼센트를 플로팅된 칼럼의 너비로 계산해 설정했고, 이때 칼럼 사이의 간격도 계산에 포함시켰다. 뷰포트의 크기가 줄어들 때 칼럼의 개수

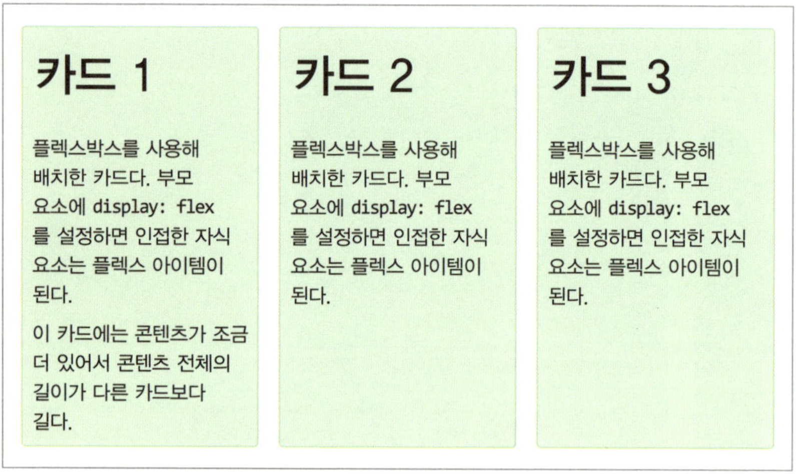

그림 5.1 너비를 삼 등분한 플렉스 아이템

를 변경하거나 블록이 옆 칼럼까지 확장되도록 미디어 쿼리를 사용하기도 했다. 각각의 중단점breakpoint마다 요소를 재배치할 수 있도록 각 레이아웃마다 CSS를 작성하는 것도 가능하다.

하지만 플렉스박스에서는 너비가 똑같은 칼럼 세 개를 쉽게 만들 수 있다(**그림 5.1**).

```
.cards {
  display: flex;
}
.cards li {
  flex: 1;
}
```

코드 예제: http://bkaprt.com/ncl/05-01/

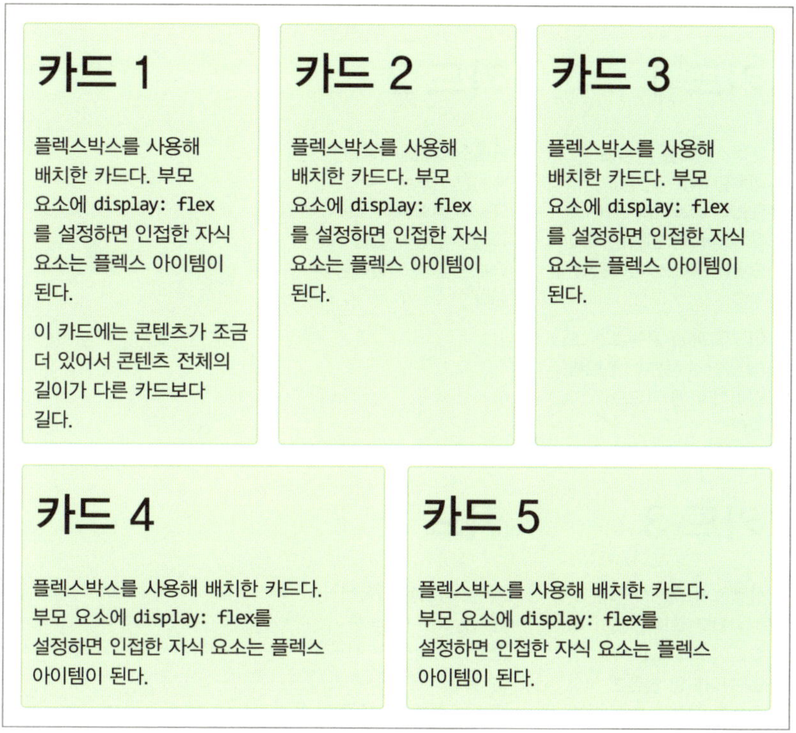

카드 1	카드 2	카드 3
플렉스박스를 사용해 배치한 카드. 부모 요소에 display: flex를 설정하면 인접한 자식 요소는 플렉스 아이템이 된다. 이 카드에는 콘텐츠가 조금 더 있어서 콘텐츠 전체의 길이가 다른 카드보다 길다.	플렉스박스를 사용해 배치한 카드. 부모 요소에 display: flex를 설정하면 인접한 자식 요소는 플렉스 아이템이 된다.	플렉스박스를 사용해 배치한 카드. 부모 요소에 display: flex를 설정하면 인접한 자식 요소는 플렉스 아이템이 된다.

카드 4	카드 5
플렉스박스를 사용해 배치한 카드다. 부모 요소에 display: flex를 설정하면 인접한 자식 요소는 플렉스 아이템이 된다.	플렉스박스를 사용해 배치한 카드다. 부모 요소에 display: flex를 설정하면 인접한 자식 요소는 플렉스 아이템이 된다.

그림 5.2 줄 바꿈된 플렉스 아이템

미디어 쿼리나 중단점을 사용하지 않고도 한 줄에 몇 개의 요소를 표시할 것인지 정할 수 있다(**그림 5.2**).

플렉스박스와 그리드의 차이는 이미 3장에서 살펴보았으므로 두 번째 줄의 카드가 첫 번째 줄에 있는 카드와 선이 맞지 않는 이유는 잘 알고 있을 것이다. 플렉스박스가 1차원적이기 때문이다. 그리드를 올바르게 구성하려면 그리드 레이아웃으로 바꾸어야 한다.

그림 5.3 화면 너비가 좁아지면 한 줄에 표시하는 플렉스 아이템의 개수도 줄어든다.

```
.cards {
  display: grid;
  grid-template-columns: repeat(3, 1fr);
}
```

두 예제의 차이에 주목해보자. 플렉스박스 예제에서는 컨테이너의 너비가 늘어날수록 한 줄에 표시되는 아이템의 개수도 증가한다. 반대로 너비를 계속 줄이면 결국 한 줄에 한 개의 플렉스 아이템만 표시된다(**그림 5.3**).

그리드 레이아웃을 사용해도 비슷한 결과가 나온다. 단, 그리드는 바깥에서 안으로 작업한다는 것을 명심해야 한다. **그리드를 먼저 정의한 후 그리드 아이템을 추가한다.**

칼럼 개수가 가변적인 그리드를 만들려면 그리드 컨테이너에 칼럼의 개수를 설정해야 한다. 또한 '너비가 허용하는 한 최대한 많은 칼럼을 추가하라'고도 설정해야 한다. 이를 염두에 두고 앞 예제에서 사용한 repeat() 표기법을 살펴보자. 현재 그리드는 항상 한 줄에 세 개의 칼럼을 만든다. repeat() 표기법을 사용해 한 줄에 세 개의 칼럼 영역이 나타나도록 해두고 각 칼럼 영역의 너비를 1fr로 설정했기 때문이다.

이제 repeat()의 첫 번째 값인 고정된 숫자 3을 '너비가 허용하는 한 최대한 많이'라는 의미의 코드로 바꿔보자. 정수 3은 auto-fill이라는 키워드로 수정했고(**그림 5.4**), 칼럼 영역의 너비로는 절댓값을 사용했다. 만약 너비로 1fr를 사용한다면 1fr가 그리드 컨테이너의 사용 가능한 영역을 전부 차지해 한 줄에 한 개의 칼럼만 나타날 것이다.

```
.cards {
  display: grid;
  grid-template-columns: repeat(auto-fill, 200px);
}
```

코드 예제: http://bkaprt.com/ncl/05-02/

브라우저 창을 드래그하여 더 넓게 또는 더 좁게 만들면 그리드 컨테이너의 너비가 허용하는 한 가능한 많은 200픽셀 너비의 칼럼을 한 줄에 표시하려는 것을 알 수 있다. 여기서는 고정된 칼

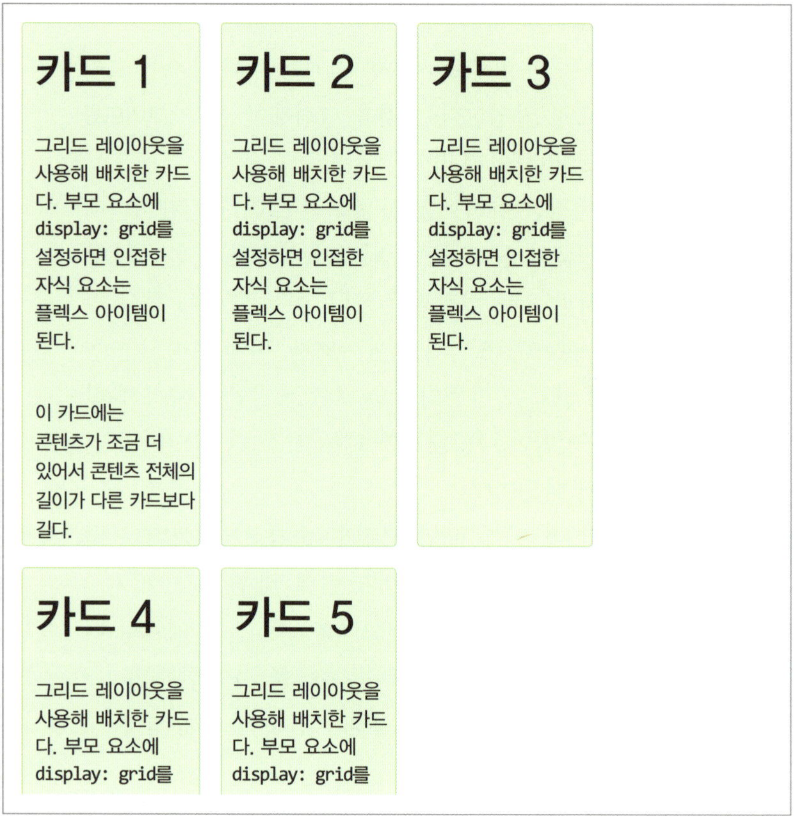

그림 5.4 컨테이너의 너비가 허용하는 한 최대한 많은 200픽셀 너비의 칼럼이 한 줄에 표시된다.

럼 영역 너비를 설정했으므로 플렉스박스처럼 동작하지 않는다. 따라서 컨테이너의 너비가 200픽셀로 나누어 떨어지지 않는다면 줄 끝에 공백이 생긴다.

이 문제는 `minmax()` 함수를 사용해 해결할 수 있다. 칼럼 너비를 설정할 때 `minmax()`를 사용하면 너비의 최소 크기와 최대 크기를 설정할 수 있다. 앞 예제의 200픽셀 너비 칼럼을 `minmax(200px,`

그림 5.5 너비가 허용하는 한 최대한 많은 200픽셀 너비의 칼럼이 배치되고 남는 공간은 칼럼에 균등하게 배분된다.

1fr로 업데이트하면 웹 브라우저는 200픽셀 너비의 칼럼이 몇 개가 들어갈 수 있는지 먼저 계산한 후 남는 공간을 칼럼에 균등하게 배분하는데(**그림 5.5**), 이때 칼럼의 최대 크기는 1fr가 된다.

```
.cards {
  display: grid;
```

```
      grid-template-columns: repeat(auto-fill,
      minmax(200px,1fr));
    }
```

코드 예제: http://bkaprt.com/ncl/05-03/

이제 컨테이너 한 줄에 가능한 한 많은 칼럼을 표시할 수 있다. 각 칼럼은 고정된 너비로 표시되지만 최소 크기 이하로 줄어들지 않고 레이아웃은 여전히 정상적인 그리드를 표현한다.

auto-fill 대 auto-fit

repeat()에 사용할 수 있는 키워드로는 auto-fill과 auto-fit이 있다. 두 키워드는 컨테이너 한 줄에 가능한 한 많은 칼럼을 배치한다는 점에서는 똑같다. 다만 auto-fill을 사용했을 때는 그리드 아이템의 개수가 부족해 끝 쪽에 빈 공간이 생겨도 빈 채로 남겨둔다는 점이 다르다(**그림 5.6**).

```
    .cards {
      display: grid;
      grid-template-columns: repeat(auto-fill,
      minmax(100px, 1fr));
    }
```

코드 예제: http://bkaprt.com/ncl/05-04/

반면 auto-fit을 사용할 때는 그리드 아이템의 개수가 부족해도 빈 공간을 남겨두지 않는다. 앞서 보았던 가변 목록을 예로 들면 사용 가능한 공간을 각 칼럼에 균등하게 배분한다(**그림 5.7**).

그림 5.6 auto-fill을 사용하면 빈 공간을 그대로 남겨둔다.

그림 5.7 auto-fit을 사용하면 빈 공간이 사라진다. 칼럼의 최대 너비를 1fr로 설정했다면 남는 공간은 균등하게 분배된다.

```
.cards {
  display: grid;
  grid-template-columns: repeat(auto-fit,
  minmax(100px, 1fr));
}
```

    트랙의 개수를 그대로 유지하고 싶다면 auto-fill을 사용하고, 아이템의 개수가 트랙의 개수보다 작은 경우 콘텐츠가 컨테이너를 채우도록 하고 싶다면 auto-fit을 사용하면 된다.

    반응형 웹디자인의 핵심은 비율을 유지하는 기능인데, 새로운 레이아웃 제작 방식은 이 기능을 지원한다. 4장에서 유연한 크기의 아이템과 그리드 트랙을 어떻게 만드는지 간단하게 살펴본 바 있다. 이제 이들이 어떻게 동작하는지 더 정확히 알아볼 때가 되었다. 플렉스박스의 유연한 크기는 플렉스 아이템에 설정하는

`flex-grow`, `flex-shrink`, `flex-basis`라는 세 개의 속성을 사용해 조절한다. 그리드에는 트랙 크기를 설정할 때 사용할 수 있는 `fr` 단위가 있다.

`flex` 속성을 사용한 크기 조절

플렉스 아이템의 크기를 조절하려면 플렉스 아이템 자체에 규칙을 추가해야 한다. 이때 사용할 수 있는 속성은 다음과 같다.

> `flex-grow`
> `flex-shrink`
> `flex-basis`

　`flex-basis` 속성은 플렉스 아이템의 너비(`flex-direction`이 `row`일 때)나 높이(`flex-direction`이 `column`일 때)를 설정할 때 사용할 수 있다. 모든 플렉스 아이템에 `flex-basis` 속성을 200픽셀로 설정하면 브라우저는 각 플렉스 아이템에 200픽셀 크기의 공간을 할당한다.

　`flex-grow` 속성은 플렉스 아이템이 `flex-basis`에 설정한 크기보다 커질 수 있는지 설정한다. 만약 `flex-grow`가 1이라면 플렉스 아이템은 플렉스 컨테이너에 여유 공간이 있을 경우 200픽셀보다 커진다.

　`flex-shrink` 속성은 플렉스 아이템이 `flex-basis`에 설정한 크기보다 작아질 수 있는지 설정한다. 아이템을 줄 바꿈하지 않는 500픽셀 너비의 컨테이너 안에 `flex-basis`가 200픽셀로 설정된 플렉스 아이템 세 개가 있다고 하자. 이 플렉스 아이템들은 `flex-shrink`가 0보다 크면 컨테이너 영역을 벗어나지 않을 것이다.

플렉스 속성 축약 표현

CSS 명세에서는 `flex-grow`, `flex-shrink`, `flex-basis`와 같은 개별 표현보다는 `flex` 축약 표현 사용을 권장한다(http://bkaprt.com/ncl/05-05/). 각 속성의 효과는 다른 속성과도 관련이 있으므로 세 속성을 하나의 속성 안에서 관리하는 편이 한눈에 알아보기 편하다. 그러므로 이 책의 예제에서는 개별 속성이 아닌 `flex` 속성을 사용한다. 축약 표현에서 사용하는 값의 순서는 다음과 같다.

```
flex-grow
flex-shrink
flex-basis
```

첫 번째 예제에는 세 개의 플렉스 아이템이 있다. 이 아이템들은 모두 `flex-grow` 속성에 `0`, `flex-shrink` 속성에 `0`, `flex-basis` 속성에 `200px`이라는 값을 설정했다(그림 5.8). 따라서 이 플렉스 아이템들은 200픽셀보다 커지지 않으므로 플렉스 컨테이너를 가득 채우지 못한다. 만약 컨테이너가 전체 플렉스 아이템의 크기를 합한 것보다 작았다면 일부 플렉스 아이템은 컨테이너의 영역을 벗어났을 것이다.

```
.cards li {
  flex: 0 0 200px;
}
```

만약 `flex-grow`의 값을 `1`로 설정한다면 플렉스 아이템은 똑같은 크기로 늘어나 컨테이너를 가득 채울 것이다(그림 5.9).

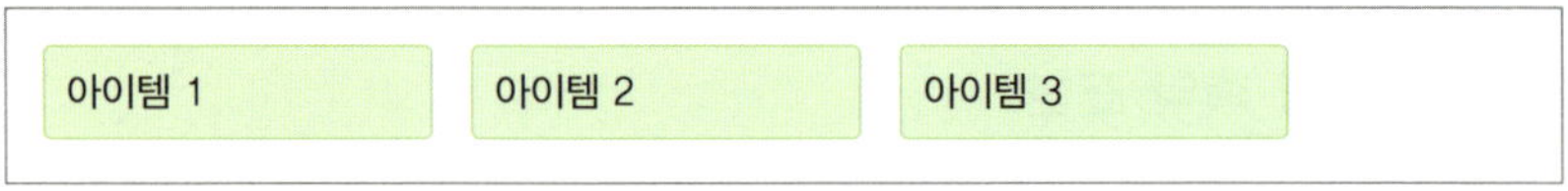

| 아이템 1 | 아이템 2 | 아이템 3 |

그림 5.8 200픽셀 너비로 표현된 플렉스 아이템

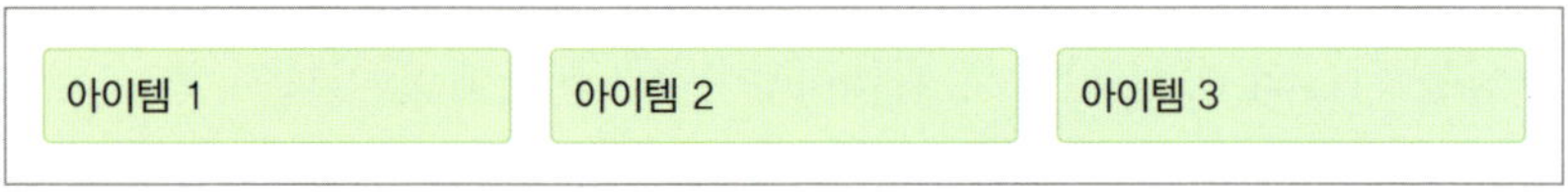

| 아이템 1 | 아이템 2 | 아이템 3 |

그림 5.9 200픽셀보다 넓어진 플렉스 아이템

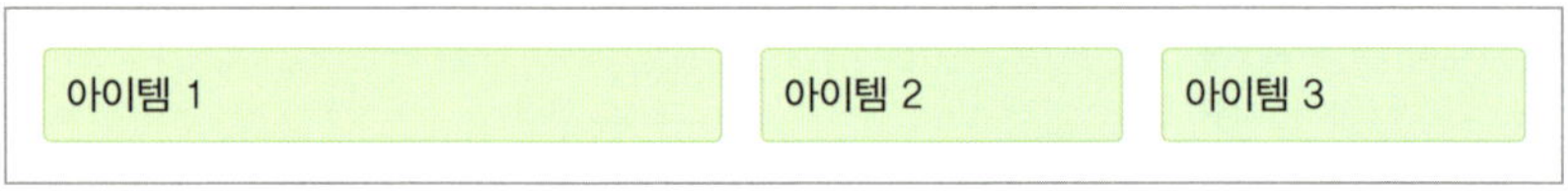

| 아이템 1 | 아이템 2 | 아이템 3 |

그림 5.10 첫 번째 플렉스 아이템에는 `flex-grow`가 `2`로 설정되어 있어서 여유 공간을 다른 아이템의 두 배만큼 차지한다.

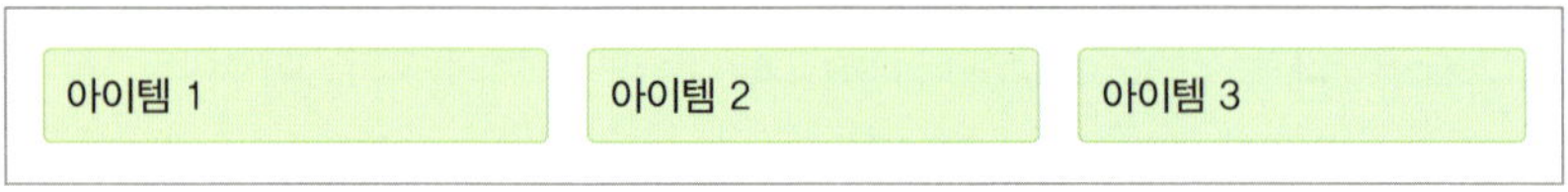

| 아이템 1 | 아이템 2 | 아이템 3 |

그림 5.11 `flex-basis`를 `0`으로 설정하면 사용 가능한 공간을 균등하게 배분한다.

```
.cards li {
  flex: 1 0 200px;
}
```

첫 번째 플렉스 아이템만 선택한 후 `flex-grow`의 값을 2로 설정하면 첫 번째 아이템은 다른 두 개의 아이템보다 더 커진다(**그림 5.10**). 이와 같이 플렉스 관련 속성을 사용하면 플렉스 아이템 사이의 크기 비율을 정할 수 있다.

```
.cards li {
  flex: 1 0 200px;
}
.cards li:first-child {
  flex: 2 0 200px;
}
```

이제 첫 번째 플렉스 아이템은 다른 두 아이템의 두 배만큼 커진다. 웹 브라우저는 flex-basis의 값이 200픽셀이기 때문에 일단 200픽셀 너비의 아이템 세 개가 들어갈 공간을 계산하고 남는 공간을 flex-grow 속성의 값에 따라 분배한다. 따라서 크기 증가가 미미한 아이템도 있을 수 있다. 여유 공간을 모든 플렉스 아이템에 균등하게 배분하고 싶다면 flex-basis의 값을 0으로 설정하면 된다(그림 5.11).

```
.cards li {
  flex: 1 0 0;
}

.cards li:first-child {
  flex: 2 0 0;
}
```

코드 예제: http://bkaprt.com/ncl/05-06/

flex-basis 속성의 content와 auto 키워드

보통 flex-basis 속성에는 단위가 있는 값을 사용하는데, content나 auto 같은 키워드도 설정할 수 있다.

content 값을 사용하면 flex-basis가 플렉스 아이템의 주

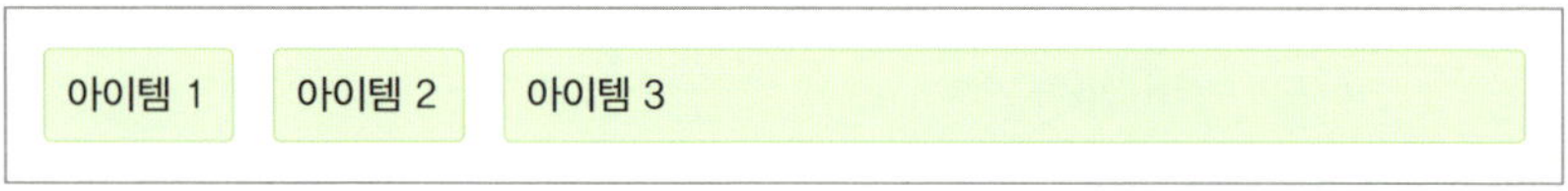

| 아이템 1 | 아이템 2 | 아이템 3 |

그림 5.12 마지막 플렉스 아이템에 설정한 `width` 값이 `flex-basis`의 값으로도 사용된다.

축 방향 콘텐츠 크기로 설정된다. 다시 말해 `flex-direction`이 `row`로 설정되어 있으면 주축은 줄이되므로 플렉스박스는 플렉스 아이템의 가로 너비를 그대로 `flex-basis`의 값으로 사용한다. 그러면 마치 길이 단위를 직접 설정한 것처럼 적용된다.

`auto`는 매우 유용한 값이다. `flex-basis` 속성의 값을 `auto`로 설정한 후 플렉스 아이템의 너비를 설정하면 그 값을 `flex-basis`의 값으로 사용한다. 너비를 설정하지 않으면 플렉스 아이템 콘텐츠의 너비를 사용한다.

다음 예제는 플렉스 아이템 세 개의 `flex-basis` 속성을 `auto`로 설정했다(**그림 5.12**). 그 후 세 번째 아이템에 `width` 속성을 사용해 너비를 절댓값으로 설정했다. 플렉스박스는 이제 세 번째 아이템의 `flex-basis` 속성에 이 너비를 적용한다. 다른 두 아이템에서는 각 콘텐츠의 너비를 적용한다.

```
.cards li {
  flex: 1 1 auto;
}
.cards li:last-child {
  width: 500px;
}
```

코드 예제: http://bkaprt.com/ncl/05-07/

특별한 요구 사항이 없다면 `flex-basis` 속성은 `auto`로 설정하는

104 새로운 CSS 레이아웃

| 사이드바 1:
1fr | 메인 콘텐츠: 4fr | 사이드바 2:
1fr |

그림 5.13 `fr` 단위를 사용한 레이아웃. 칼럼 영역은 설정된 비율에 따라 커지거나 작아진다.

것이 좋다. 그러면 개별 플렉스 아이템에 `width` 속성을 설정하거나 특정한 콘텐츠에 알맞은 공간을 할당할 때 문제없이 잘 동작한다. `flex` 속성의 동작을 살펴보거나 확인할 때 사용할 수 있는 값은 아직 많다. 플렉스박스가 이상하게 동작하는 것처럼 보일 때는 이러한 값이 연관된 경우가 많다.

그리드 레이아웃의 비율을 `fr` 단위로 설정하기

CSS 그리드 레이아웃을 사용하면서 트랙의 크기를 정의할 때는 보통 비율로 설정한다. 이때 이미 앞에서 보았던 `fr` 단위를 사용한다. 지금까지는 균등한 크기를 설정할 때만 `fr` 단위를 썼지만 사실 이 단위는 `flex-grow`처럼 사용 가능한 공간의 분배 비율을 정할 때 더 많이 사용한다.

다음 예제에는 세 개의 그리드 트랙이 있다. 양옆의 사이드바 sidebar에는 `1fr`를 설정하고 중간 영역에는 `4fr`를 설정했다. 그리드 컨테이너에서 사용 가능한 공간은 여섯 개로 분할되는데, 그중 두 개는 각각 크기가 `1fr`인 트랙에 주어지고 네 개는 `4fr` 트랙에 분배된다(**그림 5.13**).

```
.example {
  display: grid;
```

```
    grid-template-columns: 1fr 4fr 1fr;
    grid-gap: 20px;
  }
  .content {
    grid-column: 2;
  }
  .sidebar1 {
    grid-column: 1;
    grid-row: 1;
  }
  .sidebar2 {
    grid-column: 3;
    grid-row: 1;
  }
```

코드 예제: http://bkaprt.com/ncl/05-08/

이 분수fraction 단위는 사용 가능한 공간의 분수를 정의하기 때문에 크기가 절댓값으로 설정된 트랙과 함께 사용할 수 있다는 장점이 있다.

다음은 그 유명한 '성배Holy Grail' 레이아웃[1]을 구현하기 위해 트랙을 조정한 예제다. 이 레이아웃의 양옆으로는 고정된 너비의 사이드바가 있고 중간에는 메인 콘텐츠 영역이 있다(**그림 5.14**). 중간 영역의 너비를 1fr로 설정했으므로 고정 너비의 사이드바와 트랙 사이의 간격을 제외한 사용 가능한 공간 전부를 콘텐츠 영역으로 사용한다.

---

1 헤더, 푸터가 있고 콘텐츠 영역 양옆에 사이드바가 있는 전형적인 5 분할 레이아웃. 구식 CSS 명세에서는 완벽한 해법을 찾기가 어려워 성배를 찾는 것에 비유했다.
참고: https://goo.gl/5wEQAd

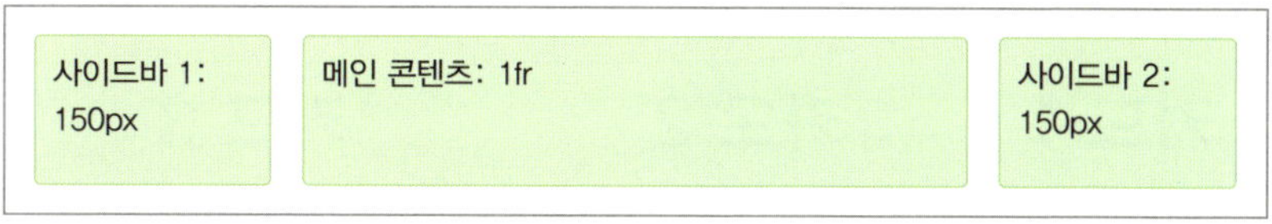

| 사이드바 1:
150px | 메인 콘텐츠: 1fr | 사이드바 2:
150px |

그림 5.14 '성배' 레이아웃

```
.example {
  display: grid;
  grid-template-columns: 150px 1fr 150px;
  grid-gap: 20px;
}
```

그리드 레이아웃에서 auto 사용

앞서 `flex-basis` 속성을 살펴보면서 플렉스박스에서 `auto` 값을 사용하면 플렉스 아이템의 너비를 그대로 사용하거나 콘텐츠의 크기를 가져온다고 설명했다. 그리드 레이아웃에서 `auto` 값을 설정했을 때도 대체로 비슷하게 동작한다. 그러나 이 값은 줄 또는 칼럼 트랙 전체에 영향을 주므로 이를 주의해야 한다.

다음은 중간 칼럼 트랙의 `flex-basis` 속성을 `auto`로 설정한 예제다. 다른 줄에는 칼럼 영역을 정해주지 않았으므로 자동으로 만들어진 줄은 자동으로 크기가 조절될 것이다. `card2` 그리드 아이템은 중간 칼럼 영역에 나타나고 300픽셀 너비의 칼럼 영역을 차지하도록 했으므로 가장 넓게 표현된다. `card4` 아이템은 두 번째 줄에 나타나는데, 높이가 300픽셀로 설정되었다. 이 때문에 두 번째 줄의 높이도 300픽셀이 된다(그림 5.15).

그림 5.15 높이가 자동으로 조정되는 줄의 크기는 그리드 아이템 자체 또는 아이템의 콘텐츠에 영향을 받는다.

그림 5.16 모든 칼럼 영역의 높이가 150픽셀로 정돈된 그리드

```
.cards {
  display: grid;
  grid-gap: 20px;
  grid-template-columns: 1fr auto 1fr;
}
.cards .card2 {
  width: 300px;
}
.cards .card4 {
  height: 300px;
}
```

코드 예제: http://bkaprt.com/ncl/05-09/

대개 줄 높이의 자동 조절을 선호하겠지만 auto 값을 사용했을 때 칼럼 영역에 있는 무언가가 너비에 영향을 미쳐 레이아웃이 이상하게 표현되는 때도 있다. 이 부분에 주의해야 한다.

minmax()에서 최댓값으로 auto 사용하기

보통 auto는 플렉스 아이템이나 그리드 아이템의 크기가 콘텐츠 크기에 맞추어 조정되기를 바랄 때 사용하므로 minmax()의 최댓값 부분에서도 auto를 적용할 수 있다면 꽤 유용할 것이다. 이를 통해 최소 너비나 높이를 보장하면서도 콘텐츠가 예상보다 많이 늘어났을 때 저절로 크게 조정되는 트랙을 만들 수 있다.

다음은 여러 개의 박스가 깔끔하게 배치된 예제다. 각 줄의 높이는 150픽셀이므로 20픽셀의 그리드 간격까지 감안하면 두 줄에 걸친 영역의 크기는 320픽셀이다. 예제에서는 card2가 두 줄에 걸쳐 있다(그림 5.16).

그림 5.17 콘텐츠가 추가되면서 첫 번째 줄이 길어졌다.

```
.cards {
  display: grid;
  grid-gap: 20px;
  grid-template-columns: 1fr 1fr 1fr;
  grid-auto-rows: minmax(150px, auto);
}

.card1 {
  grid-column: 1;
  grid-row: 1;
}
.card2 {
  grid-column: 2 / 4;
```

```
    grid-row: 1 / 3;
}
```

코드 예제: http://bkaprt.com/ncl/05-10/

트랙 크기는 앞서 살펴본 minmax() 함수에 의해 정해진다. 최솟값은 원하는 적정 높이인 150px로 설정하고 최댓값은 auto로 설정했다. 즉 콘텐츠가 150px보다 짧으면 칼럼 영역은 의도한 대로 150픽셀이 될 것이다.

이제 어느 박스에든 텍스트를 추가한다고 생각해보자. 추가된 콘텐츠의 크기에 따라 줄은 길어질 것이다. 또한 첫 번째 줄 전체의 높이가 길어지면 card2 아이템도 함께 길어진다(**그림 5.17**).

이 간단한 예제에서 볼 수 있듯이 그리드를 사용하면 매우 깔끔하고 정교한 레이아웃을 만들 수 있다. 이 레이아웃은 실제 웹에서 사용되는 여러 콘텐츠를 제대로 표현할 수 있으며 지원해야 할 다양한 기기에서도 잘 동작한다. 그리드 위에 아이템을 원하는 곳에 쉽게 배치할 수 있는 강력한 기능을 사용하면 기존 레이아웃을 더 쉽게 제작할 수 있고 전에는 구현하기 어려웠던 새로운 디자인도 만들 수 있다. 하지만 완전히 새로운 범위의 잠재적인 접근성 문제도 있다. 이 문제는 다음 장에서 다룰 것이다.

6

소스 순서와
표현 순서

5장에서는 성배 레이아웃을 통해 새로운 레이아웃 제작 방식에 관한 중요한 사실을 살펴보았다. 새로운 제작 방식에서는 페이지의 요소가 소스 코드상에서 나타난 순서와는 다른 순서로 화면에 표현될 수 있다. 예전에는 절대 위치를 설정해야만 요소가 흐름에서 벗어날 수 있었다. 레이아웃 제작에서는 그리 유용한 기능은 아니었지만 말이다. 어쨌든 소스상의 순서와 시각적으로 표현되는 순서가 일치하지 않는 기능에는 장단점이 있다. 이 장에서는 장점과 단점을 모두 살펴볼 것이다.

플렉스박스의 흐름 방향

플렉스 아이템은 기본적으로 자기 자신을 문서상의 순서, 즉 소스 코드에서 출현한 순서에 따라 배치한다. 플렉스박스 명세에는 플렉스 아이템을 줄 방향으로 배치할 것인지, 칼럼 방향으로 배치할 것인지 설정하는 flex-direction 속성이 정의되어 있다. 이 속성은 플렉스 아이템 자신이 배치될 방향을 바꿀 때 사용할 수 있다.

다음 예제에서 카드는 원래 소스상에 출현한 순서대로 표현되었다. 여기에 flex-direction 속성의 값을 row-reverse로 설정하면 순서가 뒤집혀서 플렉스 컨테이너의 끝부터 표현을 시작한다(**그림 6.1**).

```
.cards {
  display: flex;
  flex-direction: row-reverse;
}
```

마찬가지로 flex-direction을 column으로 설정했다면 column-reverse를 사용해 순서를 뒤집을 수 있다(**그림 6.2**).

```
.cards {
  display: flex;
  flex-direction: column-reverse;
}
```

코드 예제: http://bkaprt.com/ncl/06-01/

flex-direction 값은 언어의 방향에도 영향을 받는다. 오른쪽에서 왼쪽으로 읽는 언어에서 row-reverse를 사용하면 텍스트가 플렉스 컨테이너의 왼쪽 끝부터 시작한다.

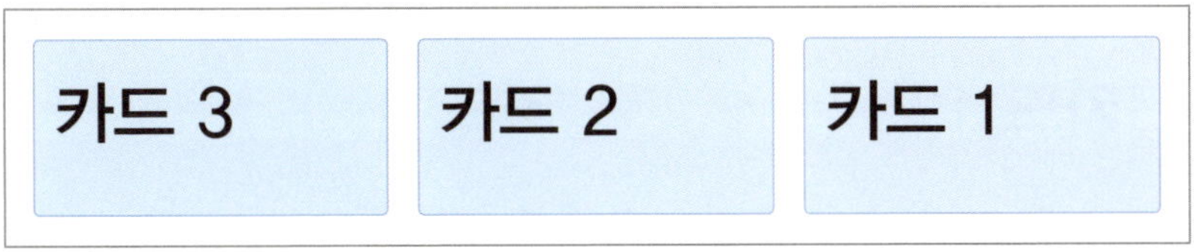

그림 6.1 순서가 반대로 표현된 플렉스 아이템

그림 6.2 칼럼 방향으로 순서가 반대로 표현된 플렉스 아이템

그리드 레이아웃의 흐름 방향

줄 기반 배치를 쓰든 템플릿 영역을 쓰든 명시적으로 그리드에 그리드 아이템을 배치하면 자동 배치에서 벗어날 수 있다. 사실 그리드 자동 배치는 앞서 예제를 통해 살펴본 바 있다. 그리드를 작성하면 바로 아래에 있는 직계 자식 요소는 한 칸에 하나씩 그리드의 흐름에 따라 배치된다. 이러한 자동 배치 규칙은 콘텐츠가 그리드에 표현되는 방식을 변경하며 매우 다양한 방법으로 사용된다.

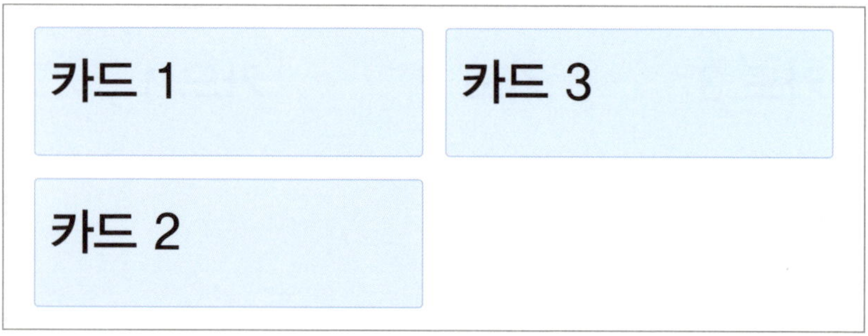

그림 6.3 칼럼 영역이 두 개인 그리드. grid-auto-flow: column을 사용해 콘텐츠를 표시했다.

그리드에서 grid-auto-flow 속성은 플렉스박스와 매우 비슷하다. 이 속성의 기본값은 row다. 따라서 왼쪽에서 오른쪽으로 읽는 언어에서는 그리드 컨테이너의 왼쪽 위부터 아이템이 배치되며 오른쪽으로 칸을 채워나가고 한 줄이 다 차면 다음 줄을 채워나간다. 명시적으로 형태가 정해지지 않은 그리드에서는 그리드 아이템을 배치할 때 필요한 만큼 줄을 새로 만든다.

물론 grid-auto-flow에 column이라는 값도 사용할 수 있다. 그러면 그리드는 그리드 아이템을 칼럼으로 표시하고 한 칸에 있는 줄을 모두 채운 후 다음 칼럼을 채우기 시작한다. 명시적으로 형태가 정해지지 않은 그리드에서는 그리드 아이템을 배치할 때 필요한 만큼 칼럼을 새로 추가한다(**그림 6.3**).

```
.cards {
  display: grid;
  grid-auto-flow: column;
  grid-template-rows: repeat(2,auto);
}
```

코드 예제: http://bkaprt.com/ncl/06-02/

플렉스박스의 `flex-direction`과 마찬가지로 이 값들은 글쓰기 방향에 영향을 받는다.

그리드 자동 배치

그리드의 자동 배치 규칙은 그리드 아이템의 흐름 방향 설정에서 더 나아간다. 그리드 레이아웃이 그리드를 정의하고 요소를 원하는 곳에 배치하는 방식이라면, 그리드 자동 배치를 사용한 작업은 완전히 새로운 레이아웃 제작 방식처럼 느껴질 것이다. 자주 접하는 UI 작업들은 자동 배치를 통해 해결할 수 있으므로 자동 배치의 원리를 알고 나면 작성할 그리드 관련 코드를 상당히 줄일 수 있다.

일단은 자동 배치될 그리드 아이템이 너비를 몇 칼럼까지 확장할 수 있는지 설정해보자. 다음 예제는 한 묶음의 카드를 표현하고 있다. 일부 카드는 세로 모드^{portrait}로 표현되고 일부는 가로 모드^{landscape}로 표현된다.

가로 모드 아이템에 규칙을 추가하면 자동 배치를 사용해 아이템을 배치할 수 있다. 예제의 규칙은 아이템의 시작 위치를 `auto`로 설정하고 끝 위치를 `span 2`로 정한다(**그림 6.4**). 따라서 자동 배치 기능에 의해 그리드 아이템의 위치는 자동으로 정해지고 너비는 항상 칼럼 두 개만큼 확장된다.

```
.cards {
  display: grid;
  grid-template-columns: repeat(auto-fill,
  minmax(250px, 1fr));
}
.cards .landscape {
```

그림 6.4 그리드 아이템의 너비는 칼럼 한 개가 기본값이다. `.landscape` 클래스를 적용하면 칼럼 두 개 너비로 확장한다.

```
        grid-column: auto / span 2;
    }
```

코드 예제: http://output.jsbin.com/kegahevoxe/3/

여기서 그리드 아이템은 소스 코드에 나타난 순서에 따라 배치된다. 주어진 폭에 맞지 않는 아이템이 나타나면 그 부분을 빈 공간으로 남겨두고 이 아이템은 다음 줄에 표현된다. 하지만 이러한 빈 공간도 채울 방법은 있다.

이 장 초반에서 grid-auto-flow 속성에 대해 살펴보았다. 그때는 이 속성을 사용해 자동 배치의 방향을 column으로 설정했는데, 이 속성에는 dense, sparse라는 값도 사용할 수 있다. 기본값은 sparse다.

```
.cards {
  display: grid;
  grid-template-columns: repeat(auto-fill,
  minmax(250px, 1fr));
  grid-auto-flow: dense;
}
```

코드 예제: http://bkaprt.com/ncl/06-03/

이제 예제를 다시 살펴보자. 네 번째 카드가 소스 코드에 나타난 순서를 벗어나 두 번째와 세 번째 카드 사이의 빈 공간을 메꿨을 것이다. 또한 여섯 번째 카드는 세 번째 카드와 다섯 번째 카드 사이에 나타난다. 결국 빈 공간이 없는 잘 짜인 형태의 그리드가 표현되었다. 그러나 그리드 아이템은 이제 소스 코드에 출현한 순서와는 다른 순서로 화면에 나타난다(**그림 6.5**).

이러한 동작은 논리적인 순서가 필요하지 않은 요소 묶음을 표현할 때 유용하다. 그 예로 사진 갤러리를 들 수 있다. 갤러리의 이미지는 굳이 특정한 순서에 따라 나타날 필요가 없기 때문이다. 이렇게 순서를 재배치할 수 있는 강력한 기능을 다룰 때는 주

카드 1
세로 모드 카드.
칼럼 한 개 너비로
표현된다.

카드 2
세로 모드 카드.
칼럼 한 개 너비로
표현된다.

카드 4
세로 모드 카드.
칼럼 한 개 너비로
표현된다.

카드 3
가로 모드 카드.
칼럼 두 개에 걸쳐 표현된다.

카드 6
세로 모드 카드.
칼럼 한 개 너비로
표현된다.

카드 5
가로 모드 카드.
칼럼 두 개에 걸쳐 표현된다.

카드 7
세로 모드 카드.
칼럼 한 개 너비로
표현된다.

그림 6.5 `grid-auto-flow: dense`를 적용하면 그리드 아이템은 빈 공간을 채우기 위해 소스 코드상의 출현 순서를 벗어난다.

의가 필요하다. 세상에는 대다수 사람들처럼 웹을 사용할 수 없는 사람도 있는데, 그들이 변경된 레이아웃으로 인해 곤란을 겪으면 안 되기 때문이다.

시각적 순서 변경과 접근성

플렉스박스와 그리드 명세는 둘 다 순서 변경과 관련한 접근성 문제가 있으며 두 명세 모두 시각적인 순서 재배열이 문서의 논리적인 순서를 변경하지는 않는다고 말한다. 이는 키보드를 사용해 웹사이트를 탐색하는 경우 기본적인 탭 순서는 시각적으로 표현된 순서가 아닌 소스 코드에 나타난 순서를 따른다는 뜻이다. 자동 배치를 사용해 시각적 순서를 재배열하거나 그 밖의 다른 방법을 사용해 소스 코드와 다른 순서로 아이템을 배치한다면 키보드로 탐색하는 사람에게는 탭이 마구잡이로 왔다 갔다 하는 것처럼 보일 수 있다.

같은 문제를 앞서 다룬 `grid-auto-flow: dense` 예제에서도 볼 수 있다. 키보드 탭 키로 링크를 옮겨보면 화면에 표현된 순서가 아닌 소스 코드에 나타난 순서에 따라 이동한다는 사실을 알 수 있다.

그러므로 소스 코드에 나타난 순서와는 다른 순서로 요소를 표현할 때는 항상 주의를 기울여야 한다. 논리적인 순서와 시각적인 순서를 맞추기 위해 소스 코드를 업데이트하는 것도 고려하는 것이 좋다. 두 종류의 순서가 서로 맞지 않을 때 생기는 문제에 관해 자세히 알고 싶다면 레오니 왓슨Léonie Watson의 '플렉스박스와 키보드 탐색의 불일치Flexbox & the keyboard navigation disconnect'(http://bkaprt.com/ncl/06-04/)를 참고하기 바란다.

플렉스박스와 그리드의 order 속성

플렉스박스와 그리드 명세에는 플렉스 아이템과 그리드 아이템의 순서를 설정할 수 있는 `order` 속성이 있다. 플렉스박스에서 `order` 속성을 사용하면 플렉스 아이템의 표현 순서를 바꿀 수 있다.

```
.cards {
  display: flex;
```

```
  }
  .cards li:nth-child(1) {
    order: 3;
  }
  .cards li:nth-child(2) {
    order: 1;
  }
  .cards li:nth-child(3) {
    order: 2;
  }
```

코드 예제: http://output.jsbin.com/kunacifako/1/

물론 그리드에서도 order 속성을 사용할 수 있지만 여기서는 용도가 조금 불분명하다. 사실 아이템의 배치를 위해서라면 이 방법 말고 다른 방법을 쓰는 것이 좋다. order를 사용하면 그리드 아이템이 '순서가 변경된 문서상의 순서order-modified document order'를 따르게 되어 그리드의 자동 배치에 영향을 준다(http://bkaprt.com/ncl/06-06/).

다음 예제에서는 첫 번째 그리드 아이템의 order 속성을 10으로 설정한다. order의 기본값은 0이므로 순서를 설정하지 않은 다른 그리드 아이템은 모두 order가 0으로 설정된 셈이다. 10은 0보다 크기 때문에 첫 번째 아이템은 가장 마지막으로 나타난다. 자동 배치에서도 이 순서에 따라 첫 번째 아이템이 가장 마지막에 배치된다(그림 6.6).

```
  .cards li:nth-child(1) {
    order: 10;
  }
```

코드 예제: http://output.jsbin.com/hitedocebi/1/

카드 2	카드 3
세로 모드 카드. 칼럼 한 개 너비로 표현된다.	가로 모드 카드. 칼럼 두 개에 걸쳐 표현된다.
카드 4	카드 5
세로 모드 카드. 칼럼 한 개 너비로 표현된다.	가로 모드 카드. 칼럼 두 개에 걸쳐 표현된다.

카드 6	카드 7	카드 1
세로 모드 카드. 칼럼 한 개 너비로 표현된다.	세로 모드 카드. 칼럼 한 개 너비로 표현된다.	세로 모드 카드. 칼럼 한 개 너비로 표현된다.

그림 6.6 첫 번째 그리드 아이템이 가장 마지막에 나타난다.

순서를 변경한 다른 방법과 마찬가지로 이 속성은 시각적인 순서만 바꿀 뿐 소스 코드에 나타난 논리적인 순서에는 아무런 영향을 주지 않는다. 이 방식을 사용해 아이템을 재배열할 때는 코드를 수정해 논리적인 순서도 바꾸어야 할 것인지 자문해보아야 한다.

마크업 '구조 단순화'의 위험성

이 장에서는 새로운 레이아웃 제작 방식의 강력한 몇 가지 기능,

특히 요소를 문서상의 순서와 다른 순서로 배열하는 기능을 주로 살펴보았다. 물론 이러한 기능은 유용하다. 그러나 화면을 보고 마우스나 트랙패드로 문서를 탐색하는 사용자를 고려하는 데서 그치지 않고 말 그대로 **모든** 사용자를 고려하는 노력이 필요하다.

플렉스박스나 그리드를 사용해 개발할 때 고민할 부분은 또 있다. 플렉스 아이템이나 그리드 아이템으로 만들 요소를 더 쉽게 작성하기 위해 마크업 구조를 더 단순하게 만들고 싶은 유혹을 떨쳐내는 것이다.

현재 플렉스 또는 그리드 컨테이너의 인접한 자식 요소는 플렉스 아이템이나 그리드 아이템으로만 만들 수 있다. 예를 들어 그리드를 사용해 어떤 콘텐츠를 표현하고 이 콘텐츠 안에 `ul` 요소를 사용한 목록이 있다고 해보자. 이 목록의 항목은 그리드 아이템으로 변환되지 않을 것이다. 물론 `ul` 자체는 그리드 컨테이너가 될 수 있다. 하지만 이 그리드는 바깥에 있는 그리드와는 상관없다. 그리드 내부에 표현된 새로운 그리드기 때문이다. 이때 이러한 생각이 들 수 있다. '목록을 표현하긴 했지만 반드시 `ul`이나 `ol` 같은 목록 요소를 사용해야 할 필요가 있을까?' '여러 개의 `div` 요소로 표현하면 모두 인접한 자식이 되어 그리드에 잘 표현되지 않을까?' 그러나 조심해야 한다. 그대로 실행했다가는 결국 문제가 될 테니까 말이다.

설령 나중에 품을 더 들여야 하더라도 요소의 시각적인 표현은 좋은 코드에 필요한 결정을 내린 이후에 고민하는 것이 좋다.

subgrid

CSS 작업 그룹^{CSS Working Group}은 앞서 말한 문제를 해결할 수 있는 기능을 논의 중이다. 바로 `subgrid`인데, 이를 적용하면 바깥에 있는 그리드가 그리드 아이템의 자식에까지 영향력을 확장해 부모 요소인 ul처럼 목록 항목도 그리드 레이아웃의 구성 요소가 된다. 사실 이 기능은 원래 레벨 1 명세에 포함되어 있었지만 레벨 2로 옮겨졌다. 처음에 만든 명세는 지원하는 브라우저가 없었기 때문에 CSS 작업 그룹은 추가적인 논의가 필요하다고 판단했다. 그리드 레이아웃도 이제야 사용하기 시작했다. 이 강력한 기능이 좀더 많은 논의를 거쳐 빠른 시일 내에 여러 브라우저에서 만날 수 있기를 기대한다.

display: contents

subgrid를 기다리는 동안 display 속성에도 새로운 값이 추가되었다. 이 값을 적용하면 인접하지 않은 자식 요소도 플렉스 또는 그리드 레이아웃의 구성 요소가 될 수 있다. CSS 디스플레이 명세에서는 contents 값에 대해 다음과 같이 설명한다(http://bkaprt.com/ncl/06-07/).

> 이 값이 적용된 요소 자체는 아무런 박스 영역을 만들지 않지만 이 요소의 자식과 가상 요소는 평상시 동작과 다름없이 박스 영역을 생성한다. 박스 영역을 생성하거나 레이아웃을 구성하기 위해 이 요소는 마치 문서 트리상에서 이 요소의 자식 요소나 가상 요소가 이 요소를 대신하는 것처럼 다루어야 한다.

앞서 설명한 ul 요소의 예제를 통해 이 기능이 어떻게 동작하는지 알아보자. 다음 예제에는 그리드가 하나 있고 이 그리드에 인접한 자식 요소 중 하나는 ul 요소다. 이 ul 요소 내부의 목록 항목은 그리드 레이아웃을 구성하지 않는다. 따라서 목록 항목은 다른 그리드 아이템 내부에 표현된다(그림 6.7).

```css
.cards {
  display: grid;
  grid-gap: 20px;
  grid-template-columns: repeat(auto-fill,
    minmax(200px, 1fr));
}

.cards > * {
  background-color: #edf2ff;
  border: 1px solid #bac8ff;
  padding: 10px;
  border-radius: 5px;
}
.cards ul {
  list-style: none;
  margin: 0;
}
.cards li {
  background-color: #bac8ff;
  border:1px solid #fff;
}
```

```html
<div class="cards">
  <div>
    <h2>Card 1</h2>
  </div>
  <div>
    <h2>Card 2</h2>
  </div>
  <div>
    <h2>Card 3</h2>
  </div>
  <ul>
```

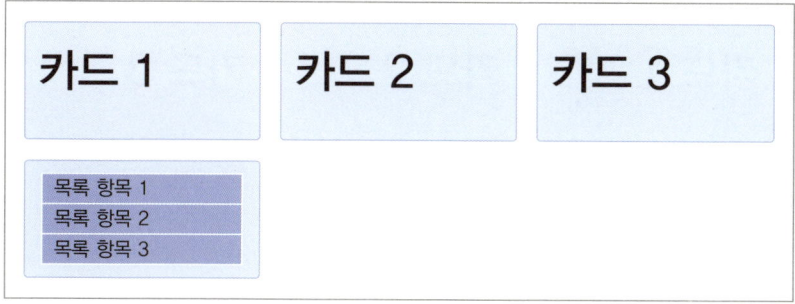

그림 6.7 그리드 아이템이 그리드에 배치되었다. ul의 목록 항목은 그리드 레이아웃을 구성하지 않는다.

```
      <li>목록 항목 1</li>
      <li>목록 항목 2</li>
      <li>목록 항목 3</li>
    </ul>
</div>
```

이때 display: contents 규칙을 ul에 추가하면 ul이 만들었던 박스 영역이 사라지고 li 요소가 그리드 레이아웃의 구성 요소가 된다(**그림 6.8**).

```
.cards ul {
  list-style: none;
  margin: 0;
  display: contents;
}
```

코드 예제: http://bkaprt.com/ncl/06-08/

하지만 display: contents 속성은 박스 영역 생성 여부에만 관여할 뿐 인접한 자식 요소의 다른 스타일에는 아무런 영향도 주

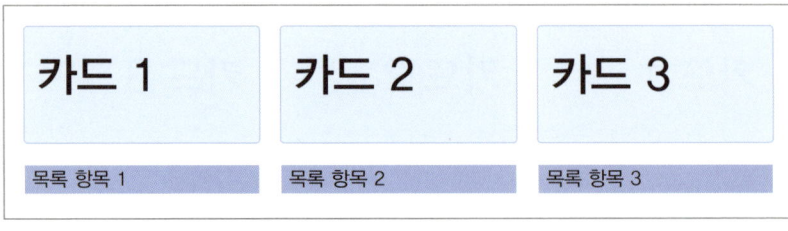

그림 6.8 ul이 만든 박스 영역은 사라지고 이제 li 요소가 그리드 레이아웃의 구성 요소가 된다.

지 않는다.

  이 값은 적절하게 사용하면 마크업 구조를 단순하게 만들고 싶은 유혹에서 벗어나는 데 도움이 된다. 그리고 중첩된 구조 안에 있는 요소를 플렉스 또는 그리드 레이아웃의 일부로 쓸 수도 있다. 하지만 결국 요소가 특수한 구조의 일부로 제한되는 결과를 낳기 때문에 자주 사용할 만한 기능은 아니다. 그렇다 하더라도 여차할 때 사용할 수 있는 매우 유용한 기능이기는 하다.

  이 장을 통해 독자들이 새로운 레이아웃 제작 방식의 가능성을 즐겁게 배우는 한편, 새로 배운 기능의 접근성에 관해서도 생각해보았으면 한다. 7장에서는 일부 브라우저가 아직 새로운 기능을 지원하지 않는 상황에서 새로운 제작 방식을 적용하는 방법에 대해 살펴볼 것이다.

준비하는 미래

흥미로운 새 기술에 관한 명세를 읽은 웹 개발자들은 하소연하듯이 이러한 질문을 한다. "그럼 구식 브라우저는 어떻게 하나요?" 이 장에서는 최신 브라우저에 대해 살펴보는 동시에 새로운 기술을 도입하더라도 구식 브라우저를 버리지 않을 수 있는 CSS 개발 방식에 대해서 알아볼 것이다.

가설을 데이터로 확인하라

2장에서는 웹 브라우저가 자동으로 업데이트되기 시작하면서 브라우저 기능 지원에 대한 생각이 어떻게 바뀌었는지 설명했다. 브라우저를 정기적으로 업데이트하는 사용자가 생각보다 많다. 작업 중인 사이트의 사용자 중에는 예상보다 훨씬 빨리 새로운 CSS

기능을 사용하는 사람도 있을 것이다.

보통 우리 업계는 지난 10년간 배운 사실을 기반으로 브라우저 지원에 관해 가설을 세운다. 새 프로젝트를 시작하는 시점이라면 그러한 가설을 직접 확인해야 하고, 리뉴얼이라면 사이트의 통계를 살펴보아야 한다. 그러나 어떤 버전의 브라우저가 주로 사용되는지보다 더 중요한 질문은 그 브라우저가 어떤 기능을 제공하는지다. 이러한 데이터는 웹사이트를 제작할 때 의외로 큰 도움이 된다.

구글 애널리틱스의 데이터를 caniuse.com(http://bkaprt.com/ncl/07-01/)으로 가져와서 지역 또는 전 세계 사용자의 데이터와 비교 검토하는 것도 가능하다(**그림 7.1**).

데이터를 수집할 사이트가 아직 없다면 전 세계 또는 지역 통계를 살펴보고 웹사이트의 예상 사용자에 관한 지식과 조합해볼 수 있다. 예상 사용자가 새로운 브라우저를 선호하는 분야도 있고 마찬가지로 구식 브라우저 사용층이 더 많은 시장도 있다. 진행할 프로젝트가 어디에 적합한지 조사해보는 것이 좋다.

모바일 지원은 따로 확인하자

모바일 기기와 데스크톱의 통계는 따로 확인하는 편이 좋다. 대체로 모바일 기기가 데스크톱보다 새로운 기능을 더 잘 지원한다. 다시 말해 설령 데스크톱용 CSS에서는 오래된 방법을 사용해야 하더라도 모바일 버전에서는 새로운 기능을 써서 외양 면으로나 성능 면에서 더 뛰어난 사이트를 만드는 것이 가능하다.

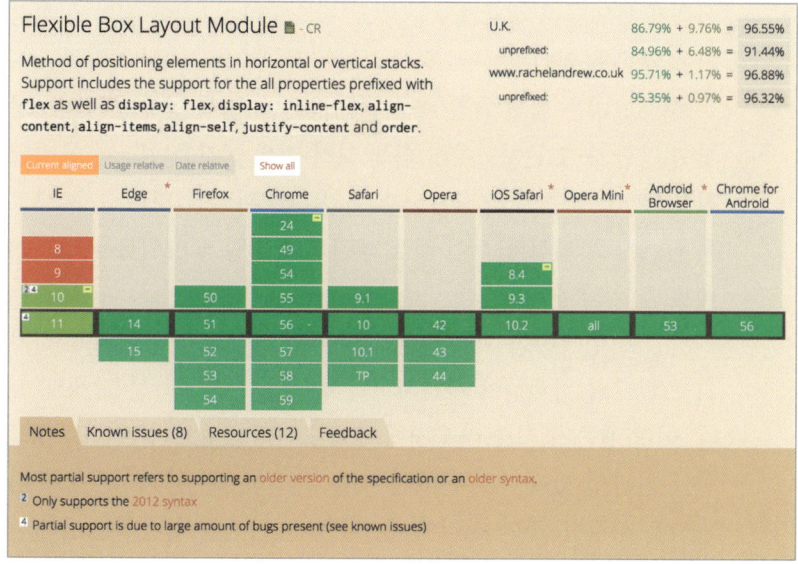

그림 7.1 caniuse.com을 보면 내 개인 웹사이트 방문객의 시스템은 플렉스박스를 평균보다 더 잘 지원한다는 사실을 알 수 있다.

고객이나 상사를 설득하자

다 좋은데 고객은 구식 브라우저에서도 웹사이트가 완전히 똑같이 보이기를 기대한다. 이 경우에는 '똑같이 보여야 한다'는 부분에만 집중할 것이 아니라 상대가 사이트 개발 전체를 아울러 볼 정도의 시야를 갖도록 도와야 한다. '외관'은 웹사이트의 일부에 지나지 않는다. 다만 고객 입장에서는 가장 이해하기 쉬운 부분이다. 그래서 그들은 자연스레 외관에 집중한다. 웹사이트에는 수많은 구성 요소가 있으며 한 가지에만 집중하면 다른 부분을 놓칠 수 있다는 사실을 고객에게 이해시키면 고객이 큰 그림을 이해하는 데 도움이 될 것이다. 그리고 고객이 '똑같이 보여야 한다'는 점에 집착한 이유가 무엇인지 생각해보는 것도 필요하다. 고객이 진짜로 걱정하는 것은 무엇인가?

어떤 고객은 검색 엔진 때문에 걱정한다. 검색 엔진이 사이트에 잘 접근할 수 있는가? 이에 대해 최신 검색 엔진은 성능과 모바일 친화성mobile-friendliness을 중요하게 여긴다는 사실을 알려주자. 새로운 레이아웃 제작 방식이 검색 엔진 친화적인 웹사이트를 만드는 데 도움이 될 수 있다.

기능이 떨어지는 브라우저에 맞춰진 버전의 웹사이트에서 자기 브랜드의 정체성이 사라져버리지 않을까 걱정하는 고객도 있다. 이럴 때는 구식 브라우저에서도 고객의 브랜드와 시각적 스타일이 일관성 있게 유지된다는 것을 확실히 보여주자. 반응형 디자인을 사용해 화면 크기와 상관없이 디자인에 일관성이 유지된다는 것을 보여주면 좋다. 모바일용 사이트 디자인과 데스크톱용 사이트 디자인 사이에는 차이가 있을 수 있다. 각 화면용 맞춤 디자인이어서 그렇다. 그때도 동일한 브랜드 정체성과 시각적 스타일이 충분히 전달된다는 점을 고객이 직접 확인하게 하는 것이 좋다. 물론 구식 브라우저에서는 약간의 제약이 있을 것이다. 하지만 제약이 있다 하더라도 좋은 경험을 선사할 수 있다.

또 다른 고객은 예산을 걱정한다. 이때는 새로운 제작 방식이 개발 속도에서는 더 빠르며 추후 문제를 일으킬 소지도 적다는 점을 강조하면 좋다. 또는 IE9와 최신 브라우저에서 완전히 똑같이 보이는 웹사이트를 만드는 데는 더 많은 비용이 들기 때문에 그 비용으로 광고를 하거나 고객을 끌어들일 새로운 기능을 추가하는 데 쓰는 편이 낫다고 설득할 수도 있다.

사이트에 문제가 있다는 사용자의 불평을 들은 적 있는 고객은 웹사이트가 똑같이 보여야 한다고도 집착한다. 이러한 경우 구식 브라우저에 더 단순한 레이아웃을 적용하면 오히려 문제가 더 적을 것이라 설명하자. 구식 브라우저를 사용하는 방문객은 자신이 사용한 기기에 맞춰서 더 빠르게 작동하는 성능 좋은 웹사이트를 경험하게 될 것이다. 구식 기술을 쓸 때 최신 기술로 제공할 수 있는 경험을 억지로 주려고 하면 오히려 이 때문에 새로운 문제가 발생할 수도 있다.

앞서 말한 것처럼 통계를 조사해두었다면 이 같은 주장을 뒷받침할 데이터가 있을 것이다. 통계를 통해 고객의 결정에 따라 '완전히 똑같은' 경험을 하지 못할 사용자가 잠재적으로 어느 정도 규모인지 비교해 설명할 수도 있다. 그러면 고객은 '똑같이 보이는' 것이 전부가 아니라는 사실을 이해하고 웹사이트의 사업적 목적을 달성하도록 여러분과 협력할 수도 있을 것이다.

CSS 피처 쿼리를 통한 점진적 개선

지금까지 여러분은 데이터를 살펴보고 브라우저 지원 관련 내용으로 고객을 설득하고 CSS 그리드 레이아웃의 어떤 기능을 프로젝트에 도입할 것인지 결정했다. 그렇다면 그리드 레이아웃이 지원되지 않는 브라우저를 사용하는 방문객의 비율은 어떻게 확인할까?

CSS의 피처 쿼리 feature query가 그 답이 될 수 있다. 피처 쿼리는 미디어 쿼리도 정의하고 있는 CSS 조건부 규칙 모듈 CSS Conditional Rules Module (http://bkaprt.com/ncl/07-02/)에 포함되어 있다. 두 명세는 비슷하기 때문에 미디어 쿼리를 사용해본 적 있다면 피처 쿼리에도 어느 정도 익숙할 것이다.

미디어 쿼리가 @media를 사용하듯이 피처 쿼리는 @supports 규칙을 사용해 작성한다. 미디어 쿼리가 화면 크기나 종류의 지원을 확인하는 것이라면 피처 쿼리는 CSS 기능의 지원을 확인한다.

간단한 문법은 다음과 같다.

```
@supports (display: grid) {
  // CSS 그리드가 지원되는 브라우저에만 적용되는 코드
  .container {
  display: grid;
  }
}
```

코드는 @supports로 시작하고 괄호 안에 확인하고 싶은 CSS 속성과 값을 입력한다. 이때 CSS 속성이나 값에 제조사 접두어가 붙어 있어도 상관없다. 예를 들어 브라우저가 인터넷 익스플로러에서 예전에 구현되었던 그리드(현재는 에지 브라우저에서 제공)를 지원하는지 확인하려면 다음과 같이 작성한다.

```
@supports (display: -ms-grid) { }
```

여러 속성과 값을 동시에 확인할 수도 있다. 최신 방식의 CSS 그리드 명세와 에지에서 사용하는 예전 방식 둘 중 하나가 지원되는지 확인하려면 다음과 같이 작성한다.

```
@supports (display: grid) or (display: -ms-grid) { }
```

당연히 두 가지 이상의 기능을 동시에 확인할 수도 있다.

```
@supports (display: grid) and (shape-outside:
  circle(50%)) { }
```

최신 브라우저는 모두 피처 쿼리를 지원한다. 다시 말해 오늘부

터 당장 이 기능을 사용해 CSS 기능의 지원 여부를 확인하고 이 기능을 지원하는 코드를 작성할 수 있다는 뜻이다. 그렇게 작성한 코드는 @supports 규칙 안에 안전하게 갈무리되어 있기 때문에 이 규칙을 이해하지 못하는 구식 브라우저에서는 @supports 부분이 무시될 뿐 다른 문제는 발생하지 않는다.

피처 쿼리를 사용한 접근 방식에서는 점진적으로 새 기능을 층층이 쌓아 올린다. 먼저 새로운 기능을 아무것도 지원하지 않는 브라우저를 대상으로 가장 단순한 CSS를 작성한다. 그 후 새 기능을 사용하면서 피처 쿼리 안에 코드를 작성한다. 이때 앞서 작성했던 코드를 피처 쿼리 안에서 재정의해야 할 수도 있다. 하지만 CSS의 작동 방식 때문에 앞서 작성한 레이아웃 코드를 그리드나 플렉스박스로 재정의하는 작업은 생각보다 쉽다.

피처 쿼리를 사용해야 할까?

피처 쿼리를 사용하기 전에 그것이 정말 필요한지부터 확인해보자. 웹 브라우저는 CSS에서 이해하지 못하는 기능을 보면 그냥 무시해버린다. 스타일시트에서 나중에 작성된 CSS가 먼저 작성된 CSS를 덮어 쓴다는 점을 활용해 구식 CSS를 먼저 작성한 후 최신 CSS를 나중에 쓰는 방식으로 점진적 개선을 이루어왔다.

CSS에서 그리드나 플렉스박스를 사용할 때는 피처 쿼리가 필요하다. 어떤 요소가 그리드 아이템일 때만 적용되어야 하는 스타일이 있다고 해보자. 이러한 경우에는 피처 쿼리 안에 관련 CSS 코드를 작성해 그리드 아이템이 아닐 때는 동작하지 않도록 만들 수 있다. 최신 CSS에서는 불필요하거나 보기에 좋지 않은 구식 브라우저용 스타일을 덮어 쓰는 용도로도 피처 쿼리를 사용할 수 있다. 예제를 통해 앞서 말한 두 가지 사례를 살펴보자.

플로트 덮어 쓰기

플렉스박스와 그리드 명세는 다른 레이아웃 제작 방식과 함께 사용될 때 어떻게 동작하는지 설명한다. 이들 명세에 따르면 float와 clear는 플렉스 아이템이나 그리드 아이템에 아무런 영향을 미치지 않는다. 어떤 요소에 float 속성이 적용되어 있다고 할 때 이 요소를 플렉스 아이템이나 그리드 아이템으로 만들면 float 속성이 없는 것처럼 동작한다는 뜻이다.

다음 예제에는 플로팅된 요소가 몇 개 있다. 이를 사용해 작성한 레이아웃은 모든 브라우저에서 잘 동작하지만 1장에서 살펴본 대로 요소의 개수가 홀수일 때 레이아웃이 깨지는 문제가 생긴다.

여기에 ul 요소를 플렉스 컨테이너로 만들고 목록 항목에 플렉스 속성을 부여하는 규칙을 추가했다.

```css
.cards {
  display: flex;
  flex-wrap: wrap;
}
.cards li {
  /* 구식 브라우저를 위한 플로트 */
  float: left;
  width: calc(33.333333333% - 20px);
  /* 최신 브라우저를 위한 플렉스*/
  flex: 1 1 auto;
}
```

코드 예제: http://bkaprt.com/ncl/07-03/

만약 flex-basis를 사용해 플렉스 아이템의 너비를 원래 레이

카드 1
플로팅 요소는 항상 위로 떠오르므로 이를 사용하면 다중 칼럼 레이아웃을 작성할 수 있다.

이 예제는 플렉스박스를 지원하는 브라우저에서는 플렉스박스를 사용한다.

카드 2
플로팅 요소는 항상 위로 떠오르므로 이를 사용하면 다중 칼럼 레이아웃을 작성할 수 있다.

카드 3
플로팅 요소는 항상 위로 떠오르므로 이를 사용하면 다중 칼럼 레이아웃을 작성할 수 있다.

카드 4
플로팅 요소는 항상 위로 떠오르므로 이를 사용하면 다중 칼럼 레이아웃을 작성할 수 있다.

카드 5
플로팅 요소는 항상 위로 떠오르므로 이를 사용하면 다중 칼럼 레이아웃을 작성할 수 있다.

그림 7.2 아이템은 33.333333333% - 20px로 설정된 flex-basis를 기준으로 확장 또는 축소된다.

아웃처럼 설정하고 싶다면 `flex-basis`의 값을 `auto`로 설정하면 된다. 앞 예제에서는 `flex-grow`를 1로 설정했으므로 모든 플렉스 아이템의 너비는 `flex-basis`를 기준으로 늘어나거나 줄어든다. 마지막 줄에는 아이템이 두 개밖에 없으므로 전체 공간을 두 아이템이 나누어 차지한다(**그림 7.2**).

플렉스박스가 설정된 너비로만 표현되고 더 늘어나게 하고 싶지 않다면 `flex-grow`를 0으로 설정하고 `flex-basis`를 `auto`로 둔다. `flex-basis`의 값을 0과 같은 다른 값으로 설정해 설정된 너비를 덮어 쓸 수도 있다. 구식 브라우저는 플렉스박스 규칙을 무시하기 때문에 여기서 살펴본 사례에서는 피처 쿼리를 사용할 필요가 없다. 플렉스박스 규칙을 이해하는 최신 브라우저에서는 플로트 대신 플렉스박스를 사용해 레이아웃이 표현될 것이다.

그리드 레이아웃을 사용해 똑같은 작업을 하려면 컨테이너 요소에 그리드를 정의할 때 칼럼 영역의 개수가 자동으로 조절되는 가변 그리드로 만들고 각 칼럼 영역의 너비는 1fr로 설정하면 된다. 그러면 그리드 아이템에는 별도의 설정이 필요 없다.

```
.cards {
  display: grid;
  grid-template-columns: repeat(auto-fill,
  minmax(250px, 1fr));
}
```

하지만 문제가 있다. 구식 브라우저는 이 그리드 규칙을 무시하겠지만, 그리드를 지원하는 최신 브라우저에서는 그리드는 물론 개별 아이템에 설정했던 너비도 함께 적용된다(**그림 7.3**).

바로 이때 피처 쿼리를 사용한다. 만약 auto를 사용해 아이템에 설정된 너비를 초기화한다면 그리드 레이아웃은 원래 기대했던 대로 동작할 것이다. 하지만 구식 브라우저에서는 너비가 초기화되면 안 된다. 구식 브라우저에서는 초기화 코드가 적용되지 않도록 하기 위해 이 규칙을 피처 쿼리로 감쌀 수 있다.

```
@supports (display: grid) {
  .cards li {
    width: auto;
  }
}
```

코드 예제: http://bkaprt.com/ncl/07-04/

그림 7.3 각 아이템에 설정된 너비 때문에 아이템의 너비가 그리드 셀 너비의 33.333333333% - 20px로 설정된다.

너비 초기화는 구식 브라우저와 최신 브라우저 둘 다 지원하는 레이아웃을 제작할 때 매우 자주 하는 작업이다. 서로 완전히 다른 두 벌의 CSS를 작성해야 할 때는 그리 많지 않다. 컴포넌트는 대체로 두 가지 방식을 모두 사용해 스타일을 작성한다. CSS의 작동 방식 덕분에 가능한 방법으로 덮어 쓰기도 하고, 피처 쿼리 안에 규칙을 추가해 해당 기능을 지원하는 브라우저만 적용되는 코드를 작성하기도 한다.

display: inline-block 덮어 쓰기

1장에서는 플렉스박스와 그리드가 없던 시절 다중 칼럼 레이아웃을 만들 때 사용했던 여러 방식을 살펴보았다. 이때 `display: inline-block`과 `display: table`을 사용했는데, 요소에 플렉스박스나 그리드를 적용하면 이 속성들은 어떻게 동작할까?

다행히 이들은 예전과 같은 방식으로 동작한다.

1장에서 살펴본 `inline-block` 예제의 컨테이너와 자식 요소에 플렉스박스 속성을 추가해보자. 플렉스박스를 지원하는 브라우저에서 자식 요소는 플렉스 아이템이 되어 `inline-block`과는 반대로 동작한다. 자식 요소 사이에 공백을 추가해도 1장에서 `inline-block`을 사용해서 만들었던 그리드와 달리 이 레이아웃은 깨지지 않는다.

```
.cards {
  display: flex;
  flex-wrap: wrap;
}
.cards li {
  display: inline-block;
  vertical-align: top;
  width: calc(33.333333333% - 20px);
  flex: 0 1 auto;
}
```

코드 예제: https://bit.ly/2qhx6P8[1]

---

1 링크된 코드에 오류가 있어 `flex-grow` 부분을 0으로 작성해야 동일한 결과를 얻을 수 있다.

또한 명세에 따르면 플렉스 아이템이나 그리드 아이템에는 vertical-align 속성이 아무 효과도 없으므로 이 속성은 플렉스박스나 그리드와 함께 사용되어도 아이템의 배치 등과 관련해 문제를 일으키지 않는다.

CSS 그리드 레이아웃을 사용해 같은 레이아웃을 작성하면 앞서 살펴본 플로트 예제에서 겪은 것과 같은 문제가 생긴다. 따라서 마찬가지로 그리드 아이템의 너비를 초기화해야 한다.

display: table 덮어 쓰기

display: table의 경우 어떤 속성을 사용했는지에 따라 덮어 써야 할 코드가 달라진다. 그러나 명세에서는 자식 요소가 display: table-cell로 설정된 후에 부모 요소가 display: grid로 설정되었을 때 무슨 일이 발생하는지 상세히 설명하고 있다.

테이블이 아닌 요소에 테이블 속성을 사용할 때는 대체로 display: table-cell을 자식 요소에 설정하고 그 밖의 다른 테이블 관련 설정은 사용하지 않는다. 1장에서 살펴본 것처럼 이를 통해 높이가 꽉 찬 칼럼이나 박스가 가로세로 축 중간에 위치하는 레이아웃을 만들 수 있게 되며 이 방식은 IE8에서도 동작한다. 이러한 제작 방식을 사용할 때는 보통 테이블 자체나 테이블의 줄을 나타내는 요소는 추가하지 않는다. 실제 HTML 테이블은 td 하나만 포함하지 않는다. 이 셀을 감쌀 table과 tr 요소도 반드시 함께 있어야 한다. 이들은 브라우저가 테이블을 올바르게 표현하기 위해 필요하다. 그렇기 때문에 테이블 속성을 부여한 요소를 사용할 때는 테이블 셀이 가상의 줄과 테이블로 감싸여 표현될 수 있도록 DOM 트리를 수정하는 익명의 요소가 생성된다. 개발자들에게는 이러한 동작이 분명하게 다가온다. 그런데 자식 요소를 테이블

셀로 설정한 다음에 부모 요소는 display: grid로 설정해 자식 요소를 그리드 아이템으로 만들면 무슨 일이 벌어질까?

명세에서는 이 부분도 잘 설명하고 있다. 다음 예제는 각 칼럼에 display: table-cell을 설정해 칼럼의 높이가 동일하도록 만든 칼럼이 세 개로 나뉜 레이아웃이다. 테이블 레이아웃에서는 수직 정렬도 사용할 수 있으므로 각 테이블 셀에 vertical-align 속성도 함께 설정했다.

```
.cards {
  margin: 0;
  padding: 0;
  list-style: none;
  border-spacing: 20px;
}

.cards li {
  display: table-cell;
  vertical-align: top;
  padding: 10px;
  border-radius: 5px;
}
```

여기까지 작성한 후에 display: grid를 부모 요소에 설정했다. 그리드를 지원하는 브라우저에서는 그리드 아이템이 **블록화**된다. 다시 말해 블록 요소로 변환되므로 더 이상 테이블 셀 요소가 아니다. 이러한 변환은 익명의 박스가 만들어지기 전에 이루어지고 자식 요소는 그리드 아이템이 된다. 블록화는 자식 요소가 테이블 셀이 되기 전에 발생하기 때문에 자식 요소를 감싸는 익명의 박스도 만들어지지 않는다. 따라서 두 자식 요소는 분리된 그리드 아이템이 된다. 테이블 코드와 그리드 코드를 브라우저에서 어떻게 분리할 것인지 고민할 필요가 없다.

```
.cards {
  margin: 0;
  padding: 0;
  list-style: none;
  border-spacing: 20px;
  display: grid;
  grid-template-columns: repeat(3,1fr);
  grid-gap: 20px;
}
```

코드 예제: http://bkaprt.com/ncl/07-06/

이 사례에서 그리드를 지원하는 브라우저와 그렇지 않은 브라우저 모두에 적용되는 속성이 있을 때는 피처 쿼리의 @supports 규칙으로 코드를 감싸야 한다. 테이블 레이아웃에서는 각 요소 사이의 공간을 설정하기 위해 border-spacing을 사용했다. 그리드 레이아웃에서는 피처 쿼리 안에서 여백을 설정하도록 하여 같은 효과를 줄 수 있다(**그림 7.4**).

```
@supports(display: grid) {
  .cards {
  margin: 20px;
  }
}
```

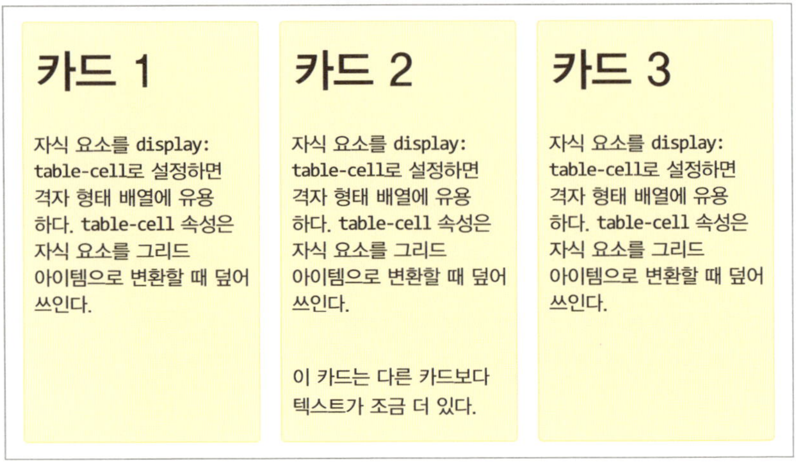

| 카드 1 | 카드 2 | 카드 3 |

자식 요소를 display: table-cell로 설정하면 격자 형태 배열에 유용하다. table-cell 속성은 자식 요소를 그리드 아이템으로 변환할 때 덮어 쓰인다.

자식 요소를 display: table-cell로 설정하면 격자 형태 배열에 유용하다. table-cell 속성은 자식 요소를 그리드 아이템으로 변환할 때 덮어 쓰인다.

이 카드는 다른 카드보다 텍스트가 조금 더 있다.

자식 요소를 display: table-cell로 설정하면 격자 형태 배열에 유용하다. table-cell 속성은 자식 요소를 그리드 아이템으로 변환할 때 덮어 쓰인다.

그림 7.4 `display: table-cell`을 그리드 레이아웃으로 덮어 쓰기

브라우저 지원에 관한 마지막 당부

구식 브라우저에서도 디자인이 거의 똑같이 보이게 만들어야 할지도 모른다. 하지만 그렇다고 해서 새로운 레이아웃 제작 방식이 너무 먼 일인 듯 여기지 않았으면 한다. 새로운 제작 방식을 전체 페이지에 적용해야 한다는 관념에서 벗어나 작은 UI 구성 요소 개선에 어떻게 활용할지부터 생각해보자. 아니면 작은 화면에서 콘텐츠를 더 잘 표현하기 위해 모바일 브라우저의 기능을 활용하는 방안부터 고민하는 것도 좋다.

그리드 레이아웃은 프로토타입을 작성하는 단계에서도 유용하다. 그리드를 사용하면 여러 환경에서 구성 요소가 어떻게 동작하는지 매우 쉽게 보여줄 수 있다. 프로토타입이 확정된 후 일부 구성 요소는 오래된 제작 방식을 사용해야 할 수도 있다. 고객의 요구 사항 때문에 그리드를 완전히 도입하기 어려울 수도 있다.

그렇다 하더라도 프로토타입에 그리드를 사용하면 적어도 명세를 더 잘 이해하는 데는 도움이 될 것이다.

　이 책의 목표는 새로운 레이아웃 제작 방식을 소개하고, 여러 방식을 함께 사용하는 방법, 실제 업무에 오늘 당장 적용할 방법을 설명하는 것이다. 여러분이 배운 내용을 실무에 적용하기에 앞서 CSS의 미래를 만들어가는 데도 동참했으면 하는 바람이다. CSS의 변화를 지속적인 관심으로 지켜보는 한편, CSS의 미래도 직접 그려나가길 바란다.

8 앞으로의 여정

이 책을 통해 살펴본 것처럼 CSS는 빠른 속도로 변화하며 발전하고 있다. 명세와 기능은 진공 상태에서 개발된 것이 아니다. CSS 작업 그룹이 어떤 기능의 실제 동작을 논의하고 기록하는 과정에는 누구나 참여할 수 있다. 이 장에서는 가까운 미래에 현실화 가능성이 매우 높은 새롭게 등장한 흥미로운 몇 가지에 대해 이야기하려고 한다. 어떻게 하면 웹의 미래에 관여할 수 있는지, 그러한 일이 왜 중요한지 함께 설명할 것이다.

CSS 버전 이해하기

사람들은 CSS 현재 버전이 CSS3이고 그 뒤로 CSS4, CSS5가 이어질 것이라고 흔히 오해한다. 하지만 플렉스박스와 그리드의 명세는 둘 다 레벨 1이다. 어찌 된 영문일까?

CSS 버전 1과 2의 명세는 단 하나로 만들어졌다. 각각은 CSS 전체를 상세히 알려주는 하나의 거대한 명세다. 하지만 보통 CSS3이라고 부르는 버전으로 넘어오면서 CSS가 모듈화되는 큰 변화가 있었다. CSS3 모듈은 원래 개별 모듈로 나뉜 CSS2.1이나 다름없었다. 이 모듈은 이후 버전 3이 되었고 개별적으로 사용할 수 있다.

이 때문에 선택자 명세 레벨 3, 디스플레이 명세 레벨 3 등이 존재하는 것이다. 이 명세들은 CSS3 이전에도 존재했고 레벨 3은 이전 버전을 기반으로 한다. 레벨 4 명세도 몇 개 볼 수 있는데 이들은 레벨 3 명세에서 더 발전했다.

그리드나 플렉스박스같이 새로 만들어진 CSS는 레벨 1에서 시작한다. CSS2나 2.1에는 이 명세가 존재하지 않기 때문이다.

명세를 따르라

CSS는 공개적으로 개발되고 있으므로 진행 과정을 지켜보고 의견을 개진할 수도 있다. 2016년 이후 명세에 대한 이슈는 깃허브(http://bkaprt.com/ncl/08-01/)에서 논의되고 있는데, 에러 지적부터 새 기능에 대한 논의까지 다양한 이야기가 오간다. 깃허브에 가면 지금까지 진행된 모든 논의를 확인하고 새로운 의견도 낼 수 있다.

명세에 관한 논의는 보통 매우 빠르게 기술적으로 진행되는 편이므로 제안한 내용이 바로 명세에 적용되는 일은 거의 없다. **그림 8.1**을 예로 들면 이 그림에서 css-grid-2로 표시된 이슈가 눈에 띈다. CSS 그리드 레이아웃 다음 레벨에 추가할 기능이 논의되고 있다는 뜻이다. 그렇지만 현재의 CSS로는 불가능한 사례가 나타나면 이를 통해 앞으로 나올 버전에 넣을 기능에 대한 대화가 촉발

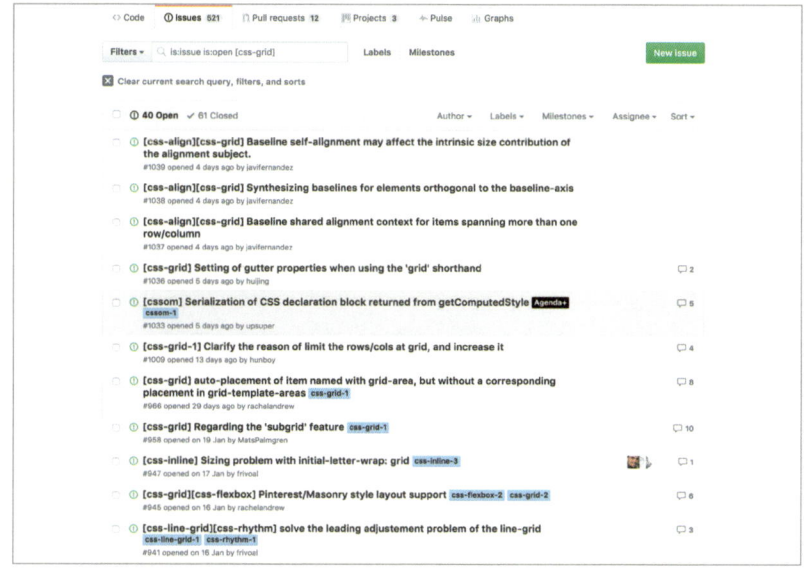

그림 8.1 CSS 그리드 레이아웃 명세를 위한 공개 이슈

되기도 한다. 여러 사람이 의견을 더하는 것은 늘 도움이 된다. 자신이 낸 의견이 바로 적용되지 않더라도 좌절하지 말자. CSS 관련 논의는 길게 보아야 한다. CSS 그리드 레이아웃 명세도 실제 명세로 개발하고 브라우저에서 구현되는 데 5년 이상의 시간이 걸렸다는 사실을 기억하면 덜 지칠 것이다.

CSS 작업 그룹의 주간 전화 회의와 대면 회의에서도 CSS를 만날 수 있다. 기록한 회의 내용은 모두 IRC에 게시하고 www-style 메일링 리스트(http://bkaprt.com/ncl/08-02/)에도 공개된다. 특정 기능에 대해 어떤 논의가 있었는지 알고 싶다면 깃허브에서 올라온 명세 이슈를 살펴본 후에 이 메일링 리스트 아카이브에서 회의 기록을 찾아보면 된다.

이러한 자료를 살펴보면 CSS에 대해 기능이 브라우저에 어떻게 적용되는지 배우는 데 큰 도움이 된다. 상호 운용 가능한 웹을 만드는 데 어떤 작업이 필요한지 빠르게 이해할 수 있을 것이다.

브라우저 지원 요구와 버그 기록

상호 운용성 이야기가 나온 김에 웹의 발전을 도모할 수 있는 또 다른 예를 들어보자. 바로 모두가 나서서 브라우저 버그를 보고하거나 기능을 추가하라고 브라우저 공급자에게 압박을 가하는 것이다. 이슈를 발견했다면 테스트 케이스를 만들어서 알리자 (http://bkaprt.com/ncl/08-03/). 테스트 케이스를 만들 때 그 이슈를 재현하는 것과 관련 없는 다른 모든 사항은 제거해야 한다. 그래야 그 이슈가 진짜 브라우저와 관련이 있는 것인지 알아낼 수 있을 뿐 아니라 엔지니어가 제기된 이슈에서 문제를 빠르게 찾을 수 있기 때문이다. 최신 명세를 다루는 중에는 그 명세가 CSS의 다른 부분과 아직 다른 이들이 발견하지 못한 방식으로 상호작용하는 것을 발견할 가능성도 꽤 높다. 그러한 경우에는 자신이 마주친 현상을 기록하는 편이 좋다. 브라우저를 다루는 이들은 웹사이트를 만드는 커뮤니티에서 이렇게 발견한 현상을 매우 알고 싶어 하기 때문이다(그림 8.2).

브라우저가 특정 기능을 지원해주었으면 하는 바람이 있을 때는 이를 요청하는 간단한 의사표시 정도로도 그 기능을 지원할 의지를 북돋울 수 있다. 개발자들의 관심은 브라우저 제조사나 CSS 작업 그룹이 특정 기능을 지원하도록 하는 주요 동기 중 하나다. 명세에 관한 트위터나 블로그, 기사, 슬라이드 데크를 검색하는 방법으로 개발자들의 관심을 측정할 수 있다. 어떤 기능에 관심을 보이는 사람이 전혀 없는 것처럼 보인다면 그 기능은 우선

그림 8.2 모질라의 데이비드 배런이 파이어폭스에 명세를 출시하기 전에 CSS 그리드 레이아웃의 버그 보고에 대해 트위터에 글을 올렸다.

순위에서 밀린다.

곧 등장할 새 기능

이야기를 하다보니 나도 빨리 써보고 싶은 기능이 꽤 많이 생각난다. 일부는 명세화되어 브라우저 구현도 되었고 그냥 아이디어 수준인 것도 있다. 이 목록을 보고 여러분도 새로운 아이디어를 떠올릴 수 있으면 좋겠다.

CSS 그리드 레이아웃의 미래

CSS 그리드 레이아웃이 등장한 덕분에 과거 CSS로는 불가능했던 것을 할 수 있게 되었다. 이제 무엇이 가능해졌는지는 이해할 수 있게 되었지만 아직 제대로 되지 않는 것이 몇 가지 있다. 개인적으로는 6장에서 이야기한 subgrid 지원을 간절히 바라고 있다. 하지만 이 밖에도 흥미로운 제안은 더 있다. 그 중 이미 이슈로 등록된 몇 가지를 소개해보려고 한다. 여러분도 다른 제안이 떠오 른다면 이슈로 작성하기 바란다.

그리드 영역 꾸미기

그리드 레이아웃 명세 레벨 1에는 그리드 셀이나 영역을 꾸민다는 개념이 없다. 영역 자체가 아니라 그 영역에 배치된 그리드 아이템을 꾸밀 수는 있다. 깃허브에는 굳이 불필요한 요소를 끼워 넣지 않고도 그리드에 배경과 외곽선을 넣을 수 있게 해주는 가상 요소pseudo-element를 추가해달라는 제안이 올라와 있다(http://bkaprt.com/ncl/08-04/). 실행 방식은 이와 다를 수도 있지만 어쨌든 이 아이디어가 실현되는 것을 보고 싶다.

사각형 외에 다른 형태를 지닌 요소 만들기

레벨 1에서는 그리드 영역이 반드시 사각형이어야 한다. 앞으로는 'L'이나 'T' 형태의 영역을 만들 수도 있을 것이다. 레벨 1 명세에서도 이와 관련된 내용을 찾아볼 수 있다(http://bkaprt.com/ncl/08-05/). 이러한 기능에 대한 요구 사항이 더 많아지면 레벨 2에 쓰일 아이디어로 홍보하는 데 도움이 될 것이다.

자동 배치 제어 강화

그리드 레이아웃 명세 중에서 흥미로운 부분을 꼽자면 그리드에 아이템을 자동 배치하는 기능을 들 수 있다. 6장에서 살펴본 것처럼 일부 아이템을 제어하는 기능은 있다. 하지만 한 셀 건너 한 셀씩 아이템을 배치하거나 특정 이름을 가진 그리드 라인에 배치하는 규칙을 선언하는 것은 아직 불가능하다.

그리드 레이아웃이 실제 업무에서 사용되기 시작했기 때문에 앞으로 자동 배치와 관련된 요구 사항이 더 많이 나오리라 생각한다. 새로운 요구 사항이 생겼을 때는 혼자만 간직하지 말고 깃 허브에 이슈로 등록해 이 아이디어에 관심 있는 다른 사람도 볼 수 있도록 공유해주기 바란다.

다른 명세

레이아웃이 그리드와 결합되어 사용될 때 생길 만한 다른 명세들도 몇 가지 흥미로운 가능성을 보인다.

CSS 리전

CSS 리전Regions 명세의 역사는 조각조각 나뉘어 있다(http://bkaprt.com/ncl/08-06/). 크롬에서 쓸 수 있을 것 같던 때도 있었고 블링크Blink와 웹키트WebKit가 각기 다른 길로 가기로 하면서 블링크에서 사라지기도 했다. 그 후 사파리의 `-webkit` 접두어와 함께 사용되고 인터넷 익스플로러와 에지에서 조금 다른 형태로 사용되고 있는데도 불구하고 큰 관심은 받지 못했다.

리전은 콘텐츠를 레이아웃에 넘겨서 그 레이아웃의 정의된 영역을 따라 흐르게 한다. 다중 칼럼 레이아웃에서는 전체 콘텐츠를 여러 칼럼으로 분할할 수 있는데, 리전이 있으면 다중 칼럼 레이아웃에서 쓸 수 있는 좋은 기능을 쓸 수 있다. CSS 그리드 레이아웃과 함께 사용해 콘텐츠의 컨테이너를 만들면 정보론적인 의미를 그대로 유지하면서도 콘텐츠를 창의적인 방식으로 보여줄 수 있다(그림 8.3).

CSS 익스클루전

3장에서 간략하게 언급했던 CSS 형태 명세가 있으면 텍스트를 사각형이 아닌 형태에 두를 수 있다. 이 명세와 리전 명세를 처

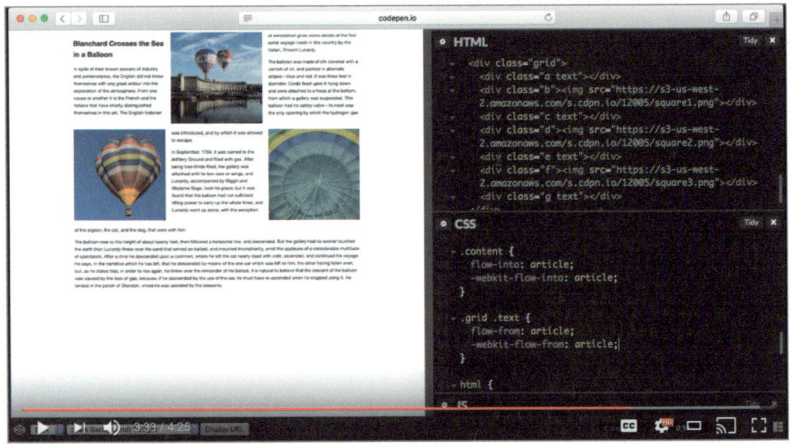

그림 8.3 내 사이트(http://bkaprt.com/ncl/08-07/)에서 리전과 그리드 시연 동영상(https://youtu.be/6r8YLaugyeo)을 볼 수 있다.

음에 개발한 것은 어도비 팀이었다. 원래는 '익스클루전과 모양 Exclusions and Shapes'이라는 이름을 붙였고 여기에는 CSS '익스클루전 Exclusions'으로 알려진 흥미로운 아이디어가 포함되어 있었다(http://bkaprt.com/ncl/08-08/).

이후 익스클루전 부분은 이 명세에서 빠져서 별도의 명세로 만들어졌다. 그 후 IE10에 적용되었고 여전히 에지에서 이 명세를 지원하지만 다른 제조사들은 이 명세에 큰 관심을 보이지 않았다.

익스클루전을 쓰면 텍스트가 요소의 모든 면 주변을 따라 흐르게 할 수 있다(그림 8.4). 초기 명세에서는 이를 '위치를 설정한 플로트 positioned float'라고 묘사했는데 이러한 표현은 꽤 정확하다.[1]

익스클루전을 만들려면 그리드 레이아웃 또는 절대 위치처럼 위치를 설정하는 다른 방법을 먼저 사용해서 요소의 위치를 설정

1 플로트처럼 요소 주변으로 글자가 배치되기 때문이다.

그림 8.4 텍스트가 이미지를 감싸고 있는 '익스클루전' 사례

한다. 그 후 콘텐츠가 요소 주변을 따라 흐르도록 wrap-flow 속성을 추가한다.

```
.item {
  wrap-flow: both;
}
```

이렇게 했을 때 어떤 효과가 만들어지는지 **그림 8.4**에서 확인할 수 있다. 그리고 익스클루전 사용법에 대한 자세한 설명은 내 사이트에 올렸으니 참고하기 바란다(http://bkaprt.com/ncl/08-09/).

지금 소개한 흥미로운 명세 몇 가지는 CSS가 가진 잠재력의 일부일 뿐이다. CSS 작업 그룹 페이지는 그 밖에 어떤 새 기능이 등장할지, 아니면 적어도 어떤 기능에 대한 논의가 이루어지는지 확인할 수 있는 좋은 공간이다(http://bkaprt.com/ncl/08-10/).

독자 여러분과 웹의 미래

여러분이 이 책을 통해 오늘날 레이아웃에 대해 조금 더 명확히 이해했기를 바란다. 웹사이트와 애플리케이션을 개발할 때 사용하는 공개 표준을 만드는 데 참여하고 싶다는 동기 또한 부여되었기를 바란다.

CSS나 전체 웹에 대한 나의 지식 대부분은 명세와 관련된 토론을 지켜보고 명세를 읽으면서 내가 알게 된 내용을 지금 여러분이 읽고 있는 책이나 글로 추출하기 위해 노력하는 과정에서 만들어졌다. 나는 정식 교육을 받은 웹 개발자나 브라우저 엔지니어가 아니다. 하지만 지난 20년간 끊임없는 호기심으로 이 업계의 작동 방식을 탐구하고 이 업계가 더 나아지도록 열정적으로 노력했다. 새로운 CSS로 실험하는 과정에서 정말 많은 것을 배웠다. 나는 질문을 던지고 의견을 내고 기존 웹사이트를 망가뜨리지 않는 CSS 개발이 정말 어렵다는 점을 배우면서 조금씩 더 나은 개발자로 성장했다.

독자 여러분에게 딱 한 가지 조언을 한다면 새로운 것을 가지고 놀 시간을 확보하라는 것이다. 개인 프로젝트를 해도 좋고 코드펜CodePen이나 JS 빈JS Bin 같은 환경을 활용해도 좋다. 자신의 한계를 슬쩍슬쩍 시험해보기 바란다. 작업이 생각대로 풀리지 않을 때는 질문을 해보아라. 다른 이들이 해준 답변을 귀담아듣되 자신의 아이디어와 요구 사항을 공유하는 일도 두려워하지 말기 바란다. 브라우저를 만들고 명세를 작성하는 사람들은 보통 실무에서 웹사이트를 만들지 않는다. 하지만 여러분은 직접 웹사이트를 만들고 있지 않은가? 그러므로 여러분의 목소리를 내는 일은 매우 중요하다.

감사의 글

어 북 어파트 편집팀에 감사한다. 특히 레이아웃에 대한 내 생각을 책의 형태로 만들어준 케이틀 르두, 리사 마리아 마틴, 캐런 리더랜드에게 감사의 인사를 전한다. 내 생각이 기술적으로 맞는지 확인해준 능력 있는 기술 편집자 첸 후이 징에게도 고마움을 전한다.

콘퍼런스에서 식사를 함께해준 친구 젠 시몬스에게도 특별히 고맙다. 전 세계 곳곳에서 만나 젠과 나눈 대화를 통해 CSS에 관한 생각이 많이 성장했기 때문이다.

언 이벤트 어파트 An Event Apart 의 제프리와 에릭을 비롯해 그들과 함께하는 강연자에게도 감사한다. 내 생각을 말할 기회와 훌륭한 청중에게 많은 것을 배울 기회를 마련해준 데에 고맙게 생각한다. 덕분에 더 좋은 강연, 더 훌륭한 생각을 해야겠다고 다짐하게 된 점에 늘 감사하게 생각할 것이다.

CSS 작업 그룹 모두에게도 큰 감사의 인사를 전한다. CSS의 미래를 만들어가는 이 모임의 일원이 된 것을 영광으로 생각한다. CSS 작업 그룹과 함께하면서 정말 많은 것을 배웠다. 앞으로도 함께 CSS 레이아웃의 미래를 만들어가는 데 도움이 될 방법을 찾아나갈 수 있기를 소망한다.

이 책을 쓰는 동안 딸이 대학을 졸업해서 첫 직장에 들어갔다. 이 아이도 CSS와 똑같이 스무 살이 넘었다. 내가 이 책을 집필하고 명세를 연구하는 새로운 세계에 푹 빠져 지내는 동안에도 변함없이 지지해준 남편 드루와 딸아이가 있다는 사실만으로도 나는 행운아다. 두 사람 모두 많이 사랑한다.

감수자의 글

웹 페이지 레이아웃을 작성할 때 〈table〉 태그를 사용해도 되는지 〈div〉 태그만 사용하는 것이 옳은지 갑론을박하던 때가 10년도 채 되지 않습니다. 그만큼 CSS 레이아웃을 위한 도구도 부족했고 그나마 있던 도구도 부실하기 짝이 없었습니다. 하지만 지금은 다릅니다. 플렉스와 그리드 레이아웃 덕분에 프런트엔드 개발자는 레이아웃 제작의 고통에서 벗어날 수 있게 되었습니다. 그랬어야 했습니다.

하지만 국내 유명 포털 사이트의 CSS에서도 그리드는커녕 플렉스 관련 코드 한 줄 찾아보기도 어려운 것이 지금 우리의 현실입니다. 아직도 float나 position처럼 레이아웃을 제대로 꾸미기에는 턱없이 부족한 기술을 가지고 전전긍긍하고 있습니다. 크롬과 파이어폭스 브라우저가 플렉스를 지원하기 시작한 지 벌써 5년이 넘었는데도 말입니다.

해외 기업에서 프런트엔드 개발자로 7년 넘게 일하며 그동안 CSS를 작성할 일도 많았고 플렉스나 그리드를 다룰 일도 종종 있었습니다. 그리드 기술을 사용해서 레이아웃을 작성하면 그리드를 사용하지 않을 때 우리를 힘들게 했던 많은 문제에서 자유로울 수 있습니다. 감수를 기꺼이 맡은 이유도 이 책이 많은 개발자를 골칫거리에서 해방시켜줄 것으로 생각했기 때문입니다. 제가 아는 한 국내에 출간된 책 중 CSS 레이아웃 제작만 다룬 전문서는 이 책이 유일합니다.

외국이라 가능할 것이라고, 오래된 브라우저 사용자가 많은 국내에서는 그림의 떡이라고 생각하는 독자도 있을 것입니다. 아마 저자인 레이첼 앤드루도 똑같은 고민을 한 것 같습니다. 이 책에서는 구식 브라우저를 제대로 지원하면서 동시에 새로운 기술에 대응하는 점진적인 향상도 다루고 있습니다. 국내 웹 브라우저 환경에서는 중요하다고 생각한 부분이기 때문에 책을 받아보고 가장 먼저 읽은 부분이기도 합니다.

    플렉스와 그리드. 어쩌면 국내에서는 도입이 늦을지도 모릅니다. 하지만 많은 기술이 그렇듯 플렉스와 그리드 레이아웃도 장점이 넘치기 때문에 늦더라도 반드시 널리 쓰일 기술이라 생각합니다. 아직 늦지 않았습니다. 지금 미래를 준비하세요.

김태곤

백발 코딩을 꿈꾸는 개발자. 네이버의 여러 서비스와 자바스크립트 프레임워크 개발에 참여했고 현재는 워드프레스로 유명한 Automattic에서 자바스크립트 엔지니어로 일하고 있다. 프런트엔드 기술과 관련한 다수의 서적을 번역했으며 틈틈이 블로그(https://taegon.kim)와 강연을 통해 즐겁게 지식을 전파하고 있다. 오픈소스 자바스크립트 프레임워크 React 관련 개발자 그룹인 React Korea의 운영진이기도 하다.

참고 자료

이 책에는 몇 가지 유용한 자료가 언급되어 있다. 다음은 내가 만든 자료 목록인데, 나도 작업할 때 종종 참고하고 있다. 나중에라도 CSS 레이아웃을 더 알고 싶을 때 추천하는 자료이기도 하다.

- **예제로 살펴보는 그리드** 처음에는 내가 CSS 그리드 명세를 배우면서 수집한 작은 예제를 모아두려고 만든 사이트였다. 지금은 CSS 그리드 레이아웃을 배울 때 도움이 될 만한 많은 예제와 패턴, 동영상 강의가 있다(http://bkaprt.com/ncl/09-01/).

- **CSS 레이아웃 뉴스** 매주 CSS 레이아웃과 관련된 흥미롭고 유용한 소식을 보여준다(http://bkaprt.com/ncl/09-02/).

- **모질라 웹 문서: 그리드 레이아웃** 내가 모질라 문서 사이트에 작성한 CSS 그리드 문서다. 예제를 읽고 살펴보는 과정을 즐기는 이라면 이 문서를 유용하게 활용할 수 있을 것이다 (http://bkaprt.com/ncl/09-03/).[1]

- **CSS에서 피처 쿼리 사용하기** 젠 시몬스가 작성한 글이다. 피처 쿼리를 사용해 구식 브라우저도 아우르는 제작 방식에 관해 설명한다(http://bkaprt.com/ncl/09-04/).

- **젠 시몬스의 레이아웃 실험실** 웹 레이아웃의 실험적 시도와 예제를 모아둔 사이트다(http://bkaprt.com/ncl/09-05/).

---

[1] 한국어 문서는 https://mzl.la/2Iyx9NZ에서 볼 수 있다.

- 그리드버그^{GridBug}   내가 만든 그리드 레이아웃의 상호 운용성 문제에 관한 목록이다. 브라우저 버그를 다루어야 하는 상황이라면 이 목록이 도움이 될 수 있다(http://bkaprt.com/ncl/09-06/).

- 플렉스버그^{Flexbug}   그리드버그는 사실 플렉스와 관련한 문제와 해결책을 다룬 이 목록에서 영감을 받아 만든 것이다(http://bkaprt.com/ncl/09-07/).

- CSS 그리드 레이아웃   언 이벤트 어파트^{An Event Aprt} 행사에서 내가 강연했던 동영상이다. 그리드가 브라우저에 탑재되기 전에 했던 강연이지만 동영상에 있는 그리드 레이아웃에 관한 정보는 여전히 유효하다(http://bkaprt.com/ncl/09-08/).

- CSS 그리드 레이아웃을 사용해도 정말 안전할까?   그리드 레이아웃 사용에 관한 생각 그리고 구식 브라우저 사용자를 저버리지 않고도 그리드 레이아웃을 사용할 수 있는 방법에 관해 다룬다(http://bkaprt.com/ncl/09-09/).

- 그리드 대비책과 덮어 쓰기 치트 시트   그리드 레이아웃을 사용해 오래된 레이아웃 제작 방식 코드를 덮어 쓰는 방법이다 (http://bkaprt.com/ncl/09-10/).

- 박스 정렬 치트 시트   그리드와 플렉스박스에서 정렬하는 방법이다(http://bkaprt.com/ncl/09-11/).

- 플렉스박스 완벽 가이드   CSS 트릭스^{CSS-Tricks}에 수록된 플렉스박스 치트 시트다(http://bkaprt.com/ncl/09-12/).

- 플렉스박스 개구리   플렉스박스를 배울 수 있는 게임이다

(http://bkaprt.com/ncl/09-13/).

- CSS 형태Shape 시작하기 CSS 형태 명세와 사용법을 살펴본다 (http://bkaprt.com/ncl/09-14/).

- 사라지는 마진은 어떻게 다루어야 하는가? 많은 사람이 헷갈려 하는 내용을 이레 아데리노쿤Ire Aderinokun이 훌륭하게 설명해 주었다(http://bkaprt.com/ncl/09-15/).

참고 URL

본문에 나오는 단축 URL을 순서대로 정리했다. 각 단축 URL은 다음 목록을 통해 확인할 수 있다.

1장 우리가 지나온 길

01-01 https://www.thenoodleincident.com/tutorials/box_lesson/boxes.html

01-02 http://alistapart.com/article/fauxcolumns

01-03 http://alistapart.com/article/responsive-web-design

01-04 https://github.com/abookapart/new-css-layout-code/blob/master/chapter1/float.html

01-05 https://github.com/abookapart/new-css-layout-code/blob/master/chapter1/float2.html

01-06 https://github.com/abookapart/new-css-layout-code/blob/master/chapter1/float3.html

01-07 https://github.com/abookapart/new-css-layout-code/blob/master/chapter1/inline-block.html

01-08 https://github.com/abookapart/new-css-layout-code/blob/master/chapter1/display-table.html

2장 레이아웃 제작의 현재

02-01 https://www.smashingmagazine.com/2011/12/an-introduction-to-object-oriented-css-oocss/

02-03 http://getbem.com/

02-04 http://sass-lang.com

02-05 http://lesscss.org

02-06   https://github.com/postcss/autoprefixer
02-07   http://atomicdesign.bradfrost.com/
02-08   http://patternlab.io/
02-09   http://fractal.build/
02-10   ttp://styleguides.io/
02-11   http://bits.24ways.org
02-12   http://getbootstrap.com/
02-13   http://foundation.zurb.com/
02-14   http://www.httparchive.org/interesting.php?a=All&l=Dec%202%202016
02-15   https://whatdoesmysitecost.com

3장   새로운 레이아웃

03-01   https://drafts.csswg.org/css-display-3/#formatting-context
03-02   https://github.com/abookapart/new-css-layout-code/blob/master/chapter3/bfc.html
03-03   https://github.com/abookapart/new-css-layout-code/blob/master/chapter3/flow-root.html
03-04   https://github.com/abookapart/new-css-layout-code/blob/master/chapter3/flow.html
03-05   https://github.com/abookapart/new-css-layout-code/blob/master/chapter3/float-list.html
03-06   https://github.com/abookapart/new-css-layout-code/blob/master/chapter3/float-shapes.html
03-07   https://github.com/abookapart/new-css-layout-code/blob/master/chapter3/position-absolute.html
03-08   https://github.com/abookapart/new-css-layout-code/blob/master/chapter3/position-fixed.html

03-09 https://github.com/abookapart/new-css-layout-code/blob/master/chapter3/position-sticky.html

03-10 https://github.com/abookapart/new-css-layout-code/blob/master/chapter3/multicolumn-layout.html

03-11 https://github.com/abookapart/new-css-layout-code/blob/master/chapter3/flexbox.html

03-12 https://github.com/abookapart/new-css-layout-code/blob/master/chapter3/flexbox-wrap.html

03-13 https://github.com/abookapart/new-css-layout-code/blob/master/chapter3/flexbox-grid.html

03-14 https://github.com/abookapart/new-css-layout-code/blob/master/chapter3/grid-basics.html

03-15 https://github.com/abookapart/new-css-layout-code/blob/master/chapter3/grid-basics-gaps.html

03-16 https://github.com/abookapart/new-css-layout-code/blob/master/chapter3/grid-basics-lines.html

03-17 https://github.com/abookapart/new-css-layout-code/blob/master/chapter3/grid-basics-areas.html

4장 배치와 정렬

04-01 https://drafts.csswg.org/css-align/

04-02 https://github.com/abookapart/new-css-layout-code/blob/master/chapter4/flexbox-align.html

04-03 https://github.com/abookapart/new-css-layout-code/blob/master/chapter4/flexbox-align-self.html

04-04 https://github.com/abookapart/new-css-layout-code/blob/master/chapter4/flexbox-align-columns.html

04-05 https://github.com/abookapart/new-css-layout-code/blob/master/chapter4/grid-align.html

04-06 https://hacks.mozilla.org/2016/12/css-grid-and-grid-highlighter-now-in-firefox-developer-edition/

04-07 https://github.com/abookapart/new-css-layout-code/blob/master/chapter4/grid-align-self.html

04-08 https://github.com/abookapart/new-css-layout-code/blob/master/chapter4/grid-justify.html

04-09 https://github.com/abookapart/new-css-layout-code/blob/master/chapter4/flexbox-justify.html

04-10 https://github.com/abookapart/new-css-layout-code/blob/master/chapter4/center.html

04-11 https://github.com/abookapart/new-css-layout-code/blob/master/chapter4/flexbox-align-content.html

04-12 https://github.com/abookapart/new-css-layout-code/blob/master/chapter4/grid-align-content.html

04-13 https://github.com/abookapart/new-css-layout-code/blob/master/chapter4/auto-margins.html

04-14 https://drafts.csswg.org/css-logical-props/

5장 반응형 디자인

05-01 https://github.com/abookapart/new-css-layout-code/blob/master/chapter5/flexbox-equal.html

05-02 https://github.com/abookapart/new-css-layout-code/blob/master/chapter5/grid-auto-fill.html

05-03 https://github.com/abookapart/new-css-layout-code/blob/master/chapter5/grid-auto-fill-minmax.html

05-04 https://github.com/abookapart/new-css-layout-code/blob/master/chapter5/grid-auto-fill-v-auto-fit.html

05-05 https://drafts.csswg.org/css-flexbox/#flex-components

05-06 https://github.com/abookapart/new-css-layout-code/blob/master/chapter5/flexbox-flex-basis.html

05-07 https://github.com/abookapart/new-css-layout-code/blob/master/chapter5/flexbox-auto.html

05-08 https://github.com/abookapart/new-css-layout-code/blob/master/chapter5/grid-fr.html

05-09 https://github.com/abookapart/new-css-layout-code/blob/master/chapter5/grid-auto-tracks.html

05-10 https://github.com/abookapart/new-css-layout-code/blob/master/chapter5/grid-auto-rows-minmax.html

6장 소스 순서와 표현 순서

06-01 https://github.com/abookapart/new-css-layout-code/blob/master/chapter6/flex-direction.html

06-02 https://github.com/abookapart/new-css-layout-code/blob/master/chapter6/grid-auto-flow-column.html

06-03 https://github.com/abookapart/new-css-layout-code/blob/master/chapter6/grid-auto-flow-spans.html

06-04 http://tink.uk/flexbox-the-keyboard-navigation-disconnect/

06-06 https://drafts.csswg.org/css-grid/#grid-item-placement-algorithm

06-07 https://drafts.csswg.org/css-display/#box-generation

06-08 https://github.com/abookapart/new-css-layout-code/blob/master/chapter6/grid-display-contents.html

7장 준비하는 미래

07-01 http://caniuse.com/#stats_import

07-02 https://www.w3.org/TR/css3-conditional

07-03 https://github.com/abookapart/new-css-layout-code/blob/master/chapter7/flex-overrides.html

07-04 https://github.com/abookapart/new-css-layout-code/blob/master/chapter7/grid-overrides-float.html

07-06 https://github.com/abookapart/new-css-layout-code/blob/master/chapter7/display-table.html

8장 앞으로의 여정

08-01 https://github.com/w3c/csswg-drafts/issues

08-02 https://lists.w3.org/Archives/Public/www-style/

08-03 https://rachelandrew.co.uk/archives/2017/01/30/reporting-browser-bugs/

08-04 https://github.com/w3c/csswg-drafts/issues/499

08-05 https://www.w3.org/TR/css-grid-1/#grid-template-areas-property

08-06 https://drafts.csswg.org/css-regions/

08-07 https://rachelandrew.co.uk/archives/2016/03/25/css-grid-and-css-regions

08-08 https://drafts.csswg.org/css-exclusions/

08-09 https://rachelandrew.co.uk/archives/2016/03/16/css-exclusions-and-grid-layout/

08-10 https://www.w3.org/Style/CSS/current-work

참고 자료

09-01 https://gridbyexample.com

09-02 http://csslayout.news

09-03 https://developer.mozilla.org/en-US/docs/Web/CSS/CSS_Grid_Layout

09-04	https://hacks.mozilla.org/2016/08/using-feature-queries-in-css/
09-05	http://labs.jensimmons.com/
09-06	https://github.com/rachelandrew/gridbugs
09-07	https://github.com/philipwalton/flexbugs
09-08	https://vimeo.com/212961112
09-09	https://rachelandrew.co.uk/archives/2017/07/04/is-it-really-safe-to-start-using-css-grid-layout/
09-10	https://rachelandrew.co.uk/css/cheatsheets/grid-fallbacks
09-11	https://rachelandrew.co.uk/css/cheatsheets/box-alignment
09-12	https://css-tricks.com/snippets/css/a-guide-to-flexbox/
09-13	http://flexboxfroggy.com/
09-14	https://www.webdesignerdepot.com/2015/03/how-to-get-started-with-css-shapes/
09-15	https://bitsofco.de/collapsible-margins/

찾아보기

align-cotent **82**
clearfix **18**
CMS **20**
CSS 리전 **153**
CSS 버전 **147**
CSS 아키텍처 **26**
    OOCSS **26**
    SMACSS **26**
    BEM **26**
CSS 익스클루전 **153**
CSS 작업 그룹 **124**
CSS 조건부 규칙 모듈 **133**
CSS 테이블 레이아웃 **22**
CSS 형태 명세 레벨 1 **41**
display: table **22-24**
flex 속성 **100**
flex-basis **57, 103-105**
fr 단위 **105**
HTML 테이블 **22-24**
HTTP 아카이브 **30**
stretch **70**
vh **70**

ㄱ

가변 그리드 **15**
가변폭 디자인 **15**
가상 요소(pseudo-element) **152**
가짜 칼럼 **14**
그리드 레이아웃 **58**
그리드 자동 배치 **117**
그리드 트랙 **85-87**
깃허브 **148**

ㄴ

누들 인시던트(Noodle Incident) **14**

ㄷ

다중 칼럼 레이아웃 **16, 50-52**
디자인 시스템 **28**

ㄹ

래퍼(wrapper) **18**
레이아웃
    1차원 레이아웃 **57**
    2차원 레이아웃 **59**

ㅁ

마콧, 이단(Ethan Marcotte) **15**
모바일 친화성 **132**
문서 트리(document tree) **27**
미디어 쿼리 **52, 133**
믹스인 **28**

ㅂ

박스 그림자 **38**
박스 정렬 명세 **61**
박스 정렬 모듈 레벨 3 **69**
반응형 디자인 **91**
배런, 데이비드(David Baron) **151**
배치
　그리드 아이템 배치 **74**
　플렉스 아이템 배치 **70**
버그 기록 **150**
뷰포트 **45**
브라우저 **32**
브라우저 지원 **144, 150**
블록 수준 **39**
블록 양식화 문맥(BFC) **36**
블록화 **142**

ㅅ

성능 **30**
성배 레이아웃 **106**
속성
　논리적 속성 **88**
　물리적 속성 **88**
스타일 가이드 **28**
시더홈, 댄(Dan Cederholm) **14**

ㅇ

아토믹 디자인 **28**
양식화 문맥 **36**
언어 읽기
　left-to-right(LTR) **62**
　right-to-left(RTL) **62**
왓슨, 레오니(Léonie Watson) **121**
위치 **43**
　고정 위치 **46-48**
　상대 위치 **44**
　절대 위치 **44-46**
　정적 위치 **44**
　접착 위치 **48-50**
이름 있는 영역 **65**

ㅈ

자동 마진 **87**
자바스크립트 **50**
전처리기 **27**
　Sass **27**
　Less **27**
점진적 개선 **133**
접근성 **31**
정렬
　그리드 아이템 정렬 **78**
　플렉스 아이템 정렬 **80**
중단점(breakpoint) **92**

ㅊ

축
　교차축 **72**
　블록축 **73**
　칼럼축 **73**

ㅋ

캐들렉, 팀(Tim Kadlec) **31**

컨테이너 블록 **44**

컴포넌트 **28**

ㅌ

테스트 케이스 **150**

ㅍ

패턴 라이브러리 **28**
   패턴 랩 **28**
   프랙탈(Fractal) **28**
프레임워크 **29**
   부트스트랩 **30**
   파운데이션 **30**

프로스트, 브래드(Brad Frost) **28**

플렉스 속성 축약 표현 **101-103**

플렉스 아이템 **52**

플렉스 컨테이너 **52**

플렉스박스 **52-58**

플렉스박스 모듈 **52**

플로트 **16, 41-43**

플로팅 레이아웃 **14**

플로팅 요소 **16**

피처 쿼리 **133**

ㅎ

후처리기 **27**
   Autoprefixer **27**
흐름 **39-41**

어 북 어파트 소개

웹디자인은 다방면의 폭넓은 지식과 고도의 집중력이 필요한 작업이다. '어 북 어파트 A Book Apart' 시리즈는 웹사이트 제작자를 위한 것으로, 웹디자인과 관련된 최신 이슈와 필수적인 주제를 멋스럽고 명료하게, 무엇보다 간결하게 다루고 있다. 디자이너와 개발자는 낭비할 시간이 없기 때문이다.

또한 웹사이트 제작의 까다로운 문제를 좀더 쉽게 이해할 수 있도록 실마리를 제공하여 궁금증을 해결해주고 실제 작업에 활용할 수 있도록 최선을 다하고 있다. 웹 전문가에게 필요한 도구를 제공하고자 하는 우리의 의지를 성원해주시는 것에 감사의 말을 전한다.